Machtschock!

Edgar K. Geffroy ist Inhaber der Geffroy Business Akademie GmbH in Düsseldorf und Autor der Bestseller *Abschied vom Verkaufen* und *Das Einzige, was stört, ist der Kunde,* mit denen er Marketing und Verkauf revolutionierte.

Edgar K. Geffroy

MACHTSCHOCK!

Ein Roman
über das Ende des Managements,
wie wir es kennen

Entdecken Sie revolutionäre
Wachstumssysteme durch
Changement

Campus Verlag
Frankfurt/New York

Redaktionelle Mitarbeit: Sylvia Englert, München

Die Deutsche Bibliothek – CIP-Einheitsaufnahme
Ein Titeldatensatz für diese Publikation ist bei
Der Deutschen Bibliothek erhältlich.
ISBN 3-593-36950-8

*Ich widme dieses Buch meiner Frau Barbara
und danke ihr für ihre Ideen als Mental-Trainerin
und Expertin für Veränderungen.
Ohne sie wäre dieses Buch nicht entstanden.
Erst durch sie und ihre Arbeit mit Menschen
wurde mir die Bedeutung der »Change«-Aspekte
für die Wirtschaft deutlich bewusst.*

Inhalt

Vorwort

Sie halten die Zukunft in Ihren Händen. Es ist die Zukunft der Business Welt. Sie entsteht überall ohne Grenzen. Die »alte« Wirtschaft verabschiedet sich jeden Tag ein wenig schneller. Eine neue Elite ist aufgerufen, zu Baumeistern neuer Geschäftsmodelle zu werden und die Zukunftsfirma zu erschaffen. Sie können es aber auch ganz einfach ausdrücken: Es geht darum, wie man zukünftig gute Geschäfte macht.

Das mag im Zeitalter der Superlative einfach, ja sogar schlicht klingen. Es ist aber das Einzige, worum es geht. Gute Geschäfte zu machen und dauerhaftes Wachstum unlimitiert zu ermöglichen. Eine Zukunftsfirma muss die Grenzen des Wachstums selbst definieren können und darf nicht durch äußere Umstände gebremst werden. Das ist seit 20 Jahren mein Geschäftsgeheimnis, neue Ideen zu entwickeln, damit Firmen wachsen können. Wer mich bereits längere Zeit kennt, weiß, dass ich als selbstständiger Unternehmer seit 20 Jahren in und an der Wirtschaft arbeite. Würde ich die freie Wirtschaft als ein Unternehmen und mich als ihren Angestellten betrachten, so hätte ich meine »Karriere« im Vertrieb begonnen, indem ich Contact Management Systeme entwickelte, Verkaufen hinterfragte (*Abschied vom Verkaufen*) und als einer der Ersten Beziehungsmanagement als zentrales Thema definierte.

Die nächste Station meiner Karriere war das Marketing. In der neuen »Abteilung« musste ich feststellen, dass Marketing so nicht mehr funktionierte, und entwickelte das Clienting Konzept. Damit man mir glaubte, schrieb ich das Buch *Das einzige, was stört, ist der Kunde – Clienting ersetzt Marketing*.

Das wirkte sich wieder positiv für meine »Karriere« aus, ich wurde ins Management befördert. Eine klassische Karriere. Vom Vertrieb und Marketing ins Management. »Oben« angekommen, stellte ich nach einiger Zeit fest, dass auch das Management dringend revolutioniert werden muss.

So wie bisher geht es nicht weiter. Klassisches Management versucht mit den Mitteln und Lehren der Vergangenheit, die Dynamik der Zukunft in den Griff zu kriegen. Das kann nicht funktionieren. Wieder einmal fehlt ein System, um diesen Wandel zu gestalten. Management in Zeiten des permanenten Wandels. Der Name drängt sich auf: Changement.

Die Idee und das Konzept ist geboren. Changement ist das mentale Geschäftsführungssystem für dynamisches Wachstum. Es wird ein Ende des Managements sein, wie wir es kennen. Aber der Beginn eines neuen Zeitalters. Changement ersetzt Management.

Es wird auch ein Machtschock sein, weil Macht in vernetzten Systemen so nicht mehr funktioniert.

Ich habe mich bei diesem Buch für die Romanform entschieden. Diese ist spannender und lässt es zu, auch Menschen, Probleme, Ängste und Hoffnungen zu charakterisieren. Wie im richtigen Leben.

Viele werden sich wiederfinden mit Ihren Hoffnungen, Sorgen und im Kampf gegen Widerstände.

Das Buch soll wieder einmal Mut machen, neue Wege zu gehen, Wachstumspotenziale zu entdecken und ganz vorne dabei zu sein.

Schließlich ist es mit Clienting bereits einmal gelungen. Und Changement wird diese Serie fortsetzen.

Noch eine Idee, bevor Sie dieses Buch zu lesen beginnen. Wenn Sie bei dem Wort »Change« nur einen Buchstaben austauschen, das »g« durch den Buchstaben »c« ersetzen, wird aus Change das Wort »Chance«. Das wünsche ich Ihnen mit meinem 11. Buch.

Ich danke meinem Düsseldorfer Team, namentlich meinem Bruder und Frau Nicole Schneider, für die Unterstützung.

Besonders danke ich Frau Kirsten Stehling für die gesamte Koordination und die vielen Anregungen, die in dieses Buch eingeflossen sind.

Dem Campus Verlag und Frau Kroker mit Ihrem Team danke ich für die konstruktive Kritik und Zusammenarbeit. Mein Dank geht auch an Frau Sylvia Englert für die redaktionelle Mitarbeit.

Mir wurde dieses Mal nichts geschenkt und jeder Satz hinterfragt.

Im Sinne des Lesers.

Ein weiser Mann sagte:

Wenn der Wind der Veränderung weht, bauen die einen Mauern und die anderen Windmühlen.

Auf gute Geschäfte,

Ihr
Edgar K. Geffroy
www.geffroy.de

Ein Bild und seine Folgen

»Herzlichen Glückwunsch zum Geburtstag!«

Claus dreht sich erstaunt um. »Wieso? Lass mich nachsehen – mein Geburtstag ist doch seit genau zwanzig Minuten vorbei.«

Die letzten Gäste waren gerade gegangen. Claus ließ sich in einem der Ledersessel vor dem Kamin nieder und nippte an seinem Rotwein – noch einen letzten Schluck auf den Beginn eines neuen Lebensalters. Seufzend setzte sich Christiane ihm gegenüber und streifte sich die hochhackigen Schuhe ab. Müde lächelte Claus seiner Frau zu und warf einen Blick über das Schlachtfeld. Ein Wald von Gläsern, volle Aschenbecher, halb leere Teller mit Oliven und Platten mit angetrocknetem Käse.

»Das war's für heute«, sagte Claus. »Ich glaube, ich gehe jetzt erst mal ins Bett.«

»Nicht so schnell«, meinte Christiane und lächelte plötzlich verschmitzt. »Ich habe noch etwas für dich.« Sie stand auf und ging zur Schrankwand aus spanischem Buchenholz hinüber. »Ich habe ziemlich lange gezögert. Wahrscheinlich war ich nicht sicher, ob es dir gefallen würde und ob es Sinn macht, dir so etwas zu schenken. Du bist solchen Dingen gegenüber ja nicht immer so aufgeschlossen, aber ich hoffe, du freust dich trotzdem…«

Claus schwante Schlimmes. Hoffentlich war es nichts von ihrem Esoterik-Kram. Er hatte die Aromatherapie mitgemacht, sich von ihr alles über Reiki erzählen lassen und geduldet, dass sie ihre Wohnung nach Feng Shui-Prinzipien umgestaltete. Einmal, zu Beginn ihrer Ehe, war er sogar in ihren Gesprächszirkel mitgegangen, wo ein Mann mit dünnem Schnurrbärtchen ernsthaft darüber referiert hatte, wie man die innere Kraft des Selbst weckt. Danach war seine Geduld zu Ende gewesen, und er hatte konsequent weggehört, wenn Christiane mal wieder auf eines dieser Themen zu sprechen kam.

Christiane brachte ein flaches, rechteckiges Paket zum Vorschein. Claus seufzte innerlich. Eins der Bilder, die sie selbst malte? Sie hatten schon so viele davon. An den Wänden wurde langsam der Platz knapp.

Christiane schien zu ahnen, was er dachte. Sie lächelte. »Es ist kein gewöhnliches Bild.«

Vorsichtig entfernte Claus das Packpapier. Darunter kam ein Bild zum Vorschein. Und etwas anderes fiel klappernd zu Boden – eine Kassette…

Auf den ersten Blick sah Claus, dass es keins von Christianes Werken war. Ihr Lieblingsmotiv waren südliche Landschaften – toskanische Zypressen, die Ebenen Spaniens, sizilianische Zitronenbäume. Doch dieses Bild war eine halb abstrakte Komposition in Grünfarben. Er mochte Grün nicht, hatte Christiane das etwa vergessen? In der Mitte des Bildes konnte man einen Mann erkennen, der dabei war, sich aus Morast oder Schlamm zu befreien und nach oben zu bewegen. So sah es jedenfalls auf den ersten Blick aus.

»Nett«, sagte Claus und schaffte ein Lächeln. »Von wem ist es?«

»Einer Frau namens Yvonne, ich habe sie vor ein paar Monaten auf einer Ausstellung kennen gelernt«, sagte Christiane. »Sie malt nur ganz besondere Bilder – Seelenbilder.«

»Was?«

»Es ist ein Bild, das dich als Mensch, deine Persönlichkeit, Lage und Zukunft zeigt«, versuchte Christiane zu erklären. »Darum ist sie eine Seelenmalerin.«

Langsam wurde Claus ärgerlich. »Du weißt, dass ich nicht an so etwas glaube. Diese Leute mögen ja behaupten, dass sie etwas über die Zukunft wissen, aber abgenommen habe ich ihnen das noch nie. Was hast du dieser Yvonne überhaupt über mich erzählt?«

»Das Wichtigste«, sagte Christiane knapp. Er merkte, dass sie verletzt war und sich bemühte, es nicht zu zeigen.

»Es ist ein sehr kreatives Geschenk«, versuchte Claus einzulenken und stand auf, um sie kurz in den Arm zu nehmen. »Vielen Dank, Schatz.«

Er spürte, wie sie sich wieder entspannte und seine Umarmung erwiderte. Doch dann löste sie sich von ihm. »Du hast die Kassette noch nicht angehört! Nicht vergessen. Sie gehört dazu.«

Claus wäre lieber ins Bett gegangen, er war hundemüde, aber auf die paar Minuten kam es jetzt auch nicht mehr an. Er schob die Kassette ins Tapedeck, und die tiefe, melodische Stimme einer Frau erfüllte den Raum. Wider Willen lauschte Claus aufmerksam.

»Mein Name ist Yvonne. Ich male, um den Menschen ein Stück von sich selbst zu zeigen, ihnen Bilder ihrer Seele zu geben. Schenken Sie mir einen Moment Ihrer Zeit, und ich erkläre Ihnen, Herr Berning, was das Bild symbolisiert, das ich für Sie gemalt habe. Sein Titel ist ›Phönix aus der Asche‹...«

Phönix aus der Asche? Claus zog die Augenbrauen hoch. Doch er hatte keine Zeit, darüber nachzudenken, was das wohl bedeuten sollte, denn die Stimme auf dem Tonband fuhr fort. »Sie haben viele Träume gehabt und wenige gelebt. Sie haben viele Pflichten gehabt und sie fast alle erfüllt. Doch Sie sind weniger frei, als Sie denken. Bevor Sie als Phönix aufsteigen können, müssen Sie sich erst einmal aus der Asche erheben und bewältigen, was Sie zu zerstören droht. Sie...«

Mit einem schnellen Griff schaltete Claus das Tapedeck aus. »Entschuldige, Christiane, aber ich glaube, ich gehe jetzt ins Bett.«

Er stand auf, brachte sein Glas in die Küche und schüttete den Rest des Chianti in den Ausguss. Am leisen Tappen ihrer Füße auf dem Parkett merkte er, dass seine Frau ihm gefolgt war. »Gefällt es dir wenigstens ein bisschen?«, fragte sie leise.

Claus drehte sich um. »Es tut mir leid, ich kann mich mit diesem... ich meine, betrifft mich einfach nicht. Phönix aus der Asche? Das bin ich nicht. Es geht mir gut, mit uns beiden läuft es prima, wir haben ein gutes Leben. Meine Firma steht da wie eine Eins, wir haben im letzten Jahr expandiert wie nie zuvor. So gut ging es uns noch nie! Wir brauchen nicht aus der Asche aufzusteigen. Es gibt keine Asche.«

Wortlos blickte Christiane ihn an. Ihr Blick war traurig

und ein kleines bisschen kühl. Schließlich sagte sie: »Vielleicht war es doch keine gute Idee, dir das Bild zu schenken. Ich dachte, es würde dir ein bisschen helfen, nachzudenken… über uns, über deine Firma. Aber es war wahrscheinlich der falsche Weg.«

»Mit uns ist doch alles in Ordnung«, wiederholte Claus.

Doch Christiane drehte sich um und ging schweigend hinaus.

Später lagen sie nebeneinander im Bett, ohne sich zu berühren. Claus zog die Decken über sich, schloss die Augen. Doch er konnte nicht einschlafen. Ein paar Dinge, die diese Seelenmalerin gesagt hatte, hatten wunde Punkte getroffen. Dass er seine Träume nicht lebte, und das mit den Pflichten… hatte sie das von Christiane erfahren, oder woher konnte sie all das wissen? Hatte sie vor ihrem inneren Auge etwa seine Enduro gesehen, die in der Garage verstaubte? War es das, was Christiane damit gemeint hatte – dass sie ihn zum Nachdenken bringen wollte? Nein, das hatte auch etwas mit ihr zu tun. Und sollte er sich etwa einen Vorwurf machen, dass es in der letzten Zeit vor allem um die Firma ging? Vor vier Jahren hatte er – endlich! – die Berning GmbH von seinem Onkel übernehmen können und damit die Familientradition fortgeführt. Seit 125 Jahren stellte ihr Werk Schrauben und Draht höchster Qualität her, die meisten Bauteile waren heute für die Automobilindustrie bestimmt. Manchmal, wenn er einen Opel vorbeifahren sah, dachte er daran, dass im Bremssystem tief in den Eingeweiden der Maschine seine Schrauben steckten, lebenswichtige Teile. Er hatte großes Glück gehabt, dass die GmbH gesund war und er kein marodes Unternehmen geerbt hatte. Vieles hatte er gelassen, wie es war, *Never change a winning team*, aber gleichzeitig hatte er die Expansion vorangetrieben, ohne die es im Zeitalter der Globalisierung nicht mehr ging.

Und privat lief doch eigentlich auch alles wie geschmiert. Wir haben ein gutes Leben, wiederholte sich Claus fast ein wenig trotzig. Sie hatten einen lieben Sohn, der keinen Ärger machte und Zeugnisse bekam, wie sie Claus selbst früher nie heimgebracht hatte. Sie hatten viele Freunde, wenn sie sie auch nicht allzu oft sahen. Vor kurzem waren sie für ein Wochenende in Nizza gewesen, und im Monat davor hatte er Christiane zu einem Trip nach London eingeladen, Karten für *Cats* inklusive. Sie besaßen das Haus hier und ihre kleine Finca auf Mallorca. Christiane konnte ihren Interessen nachgehen…

»Vielleicht solltest du sie mal treffen«, hörte er plötzlich Christianes Stimme von der anderen Seite des Bettes. Sie hatte sich nicht herumgedreht. Woher wusste sie, dass er noch wach war?

»Wen?«

»Yvonne.«

»Die Absicht habe ich eigentlich nicht«, sagte Claus kurz. »Es mag ja sein, dass sie die einzige Seelenmalerin weit und breit ist. Aber ich glaube trotzdem nicht, dass sie mir etwas sagen könnte, was für mich interessant wäre. Und jetzt möchte ich schlafen.«

Der Sonntag verlief wie so oft. Beim Frühstück sprachen Claus und Christiane nicht viel. Aber, so beruhigte sich Claus, immerhin hat sie mir schon mal zugelächelt heute. Und einen Streit konnte man das gestern Abend ja wirklich nicht nennen. In Gedanken war Claus auch schon wieder in der Firma. Am Montag standen eine Menge Termine an, es ging zurzeit hektisch zu in der Firma. Einer der großen Kunden, denen sie Teile lieferten, setzte sie gehörig unter Druck, ein größeres Sortiment von Schrauben anzubieten. Einige neue Maschinen hatte Claus schon anschaffen lassen müssen, damit sie diese Forderungen erfüllen konnten – hätten sie es nicht getan, wären sie aus dem Rennen gewesen. Doch nun sah es so aus, als hätte der Kunde schon wieder Bedarf an anderen Teilen...

Auch die Woche begann wie immer – noch ahnte niemand, wie dramatisch sie enden würde. Pünktlich um sieben ging Claus aus dem Haus und fuhr mit seinem silbernen Mercedes die paar Minuten zur Firma.

Die Berning GmbH residierte in einem dreistöckigen Flachbau im Industriegebiet Bergisch-Gladbachs. Es war einer der lieblosen Bürobunker, die in den siebziger Jahren zu Hunderten auf der Grünen Wiese emporgewachsen waren. Claus störte sich längst nicht mehr an dessen Hässlichkeit – in seiner Branche kam es auf repräsentative Gebäude nun wirklich nicht an. Wichtig war, dass es nebenan Platz gab für das Werk, die Produktionsanlagen in den zwei lang gestreckten Hallen. Abertausende von Metallteilen wurden dort jeden Tag hergestellt...

»He!«, entfuhr es Claus. Ein Mountainbike schoss mit halsbrecherischer Geschwindigkeit an ihm vorbei und bog vor ihm in die Firmeneinfahrt. Als er aus seinem Auto stieg, schaute er sich um und stellte fest, dass das Mountainbike einer jungen Frau mit rotem Lockenkopf gehörte. Noch bevor Claus eine Bemerkung über ihren Fahrstil loswerden konnte, grüßte sie flüchtig und verschwand in der Eingangshalle. Achselzuckend begab sich Claus auf den Weg zu seinem Büro im zweiten Stock.

»Morgen, Herr Berning!«, sagte Mona Talbach, seine Assistentin, und lächelte ihn an. Sie war eine zierliche Frau mit kurzen dunkelbraunen Haaren, einem runden Gesicht und einer randlosen Brille. Claus war dankbar, dass er sie hatte – sie konnte gut organisieren und hatte bis auf ihr Leben alles im Griff. Immer mal wieder kündigte sie an, dass sie die Firma demnächst verlassen und ihr Sozialpädagogikstudium zu Ende führen würde. »Das ist ja schön. Wir werden Sie vermissen«, sagte Claus in solchen Fällen und konnte sich darauf verlassen, dass es nie dazu kam.

Bis neun widmete sich Claus den Verkaufsplanungen für das nächste Quartal und ging noch einmal die Marktdaten durch. Beides war exzellent. Die Qualität der Berning-Produkte war bekannt, und sie hatten hart daran gearbeitet, die strengen Auflagen ihrer Kunden aus der Automobilindustrie zu erfüllen. Jetzt konnten sie die Früchte dieser konsequenten Null-Fehler-Toleranz ernten.

Um zehn stand ein kurzes Meeting mit Vertretern einer Anlagenfirma an, deren Maschinen Claus in die engere Wahl gezogen hatte. Vor dem Konferenzraum traf er auf seinen Produktionsleiter, Stefan Herbst. Der bodenständige Gladbacher gehörte zu den Leuten, die buchstäblich mit dem Unternehmen groß geworden waren. Claus schätzte ihn wegen seiner immensen Erfahrung und der Fähigkeit, jede Panne im Werk irgendwie »hinzufrickeln« und damit den Betrieb aufrechtzuerhalten, bis die Maschinen richtig repariert werden konnten.

»Wieso haben wir diese Typen eigentlich noch mal eingeladen?«, knurrte er, als er Claus sah. »Ist doch klar, dass wir
die Anlagen kaufen. Wie sollen wir sonst die B5-Teile liefern?«

»Lassen Sie die Leute doch ihr Sprüchlein aufsagen – dauert ja auch nicht lange«, beschwichtigte Claus. »Immerhin
kosten die Maschinen eine Menge Geld, das möchte ich mir
gründlich überlegen.«

»Aber schließlich wollen die Kunden diese Teile, oder
nicht?«

»Ja, aber in ein paar Monaten kommen sie garantiert wieder mit anderen Wünschen, und dann geht das Spiel von
vorne los. Kommen Sie, die beiden warten schon.«

Claus war von der Präsentation beeindruckt und bat um
ein verbindliches Angebot. In aufgeräumter Stimmung
kehrte er in sein Büro zurück, das in dezentem Hellgrau,
Schwarz und Chrom eingerichtet war. »Ist die Post inzwischen da, Frau Talbach?«

Der verlegene Gesichtsausdruck seiner Assistentin ließ
Claus stutzen. »O nein, hat mein Onkel etwa wieder die
Post mitgenommen?«

»Ich habe versucht, ihn daran zu hindern …, aber Sie wissen ja, wie Ihr Onkel ist …«

Claus seufzte und machte sich auf den Weg in den dritten
Stock. Vor fünfzehn Jahren, als Herbert Berning nach dem
Tod von Claus' Vater die Firmenleitung übernommen hatte,
war er in das große Eckbüro eingezogen, von dem aus man
den besten Blick auf das Werk hatte. Nach dem Motto »Einmal mein Büro, immer mein Büro« dachte Herbert Berning
gar nicht daran, es zu räumen.

Claus klopfte und betrat das Büro. Sein Onkel saß hinter seinem Schreibtisch aus Kirschholz und war dabei, mit präzisen Bewegungen die Umschläge aufzuschlitzen. »Mein lieber Junge!«, begrüßte er Claus heiter. »Ein wunderschöner Morgen, nicht wahr?«

»Er wäre noch schöner, wenn du mir die Post wiedergeben würdest, Onkel Herbert«, sagte Claus vorwurfsvoll.

»Aber mein Junge, das muss doch alles erledigt werden!«

»Schon klar, aber das würde *ich* gerne erledigen.«

Nachdem Claus seine Briefe zurückerobert hatte, plauderte er aus Höflichkeit noch ein paar Minuten lang mit seinem Onkel. Aber er konnte sich den Blick auf die Uhr nicht verkneifen. Er musste noch mindestens eine Stunde an der Präsentation für seine USA-Reise arbeiten; schließlich wollte er dort ein paar wichtige Investoren beeindrucken, die ihm die Expansion in den Vereinigten Staaten finanzieren sollten. Ganz zu schweigen von dem halben Dutzend Terminen mit Kunden und Mitarbeitern, die ihm heute noch bevorstanden.

Claus stellte fest, dass er sich sehr auf das verlängerte Osterwochenende freute, auf das sie zusteuerten. Endlich konnten sie mal wieder in ihr Haus auf Mallorca fahren, endlich konnte er mal wieder mit seinem Segelboot in See stechen. Bis Mittwoch wollten sie bleiben. Schluss mit dem Stress, wenigstens für ein paar Tage! Und endlich mal wieder ein bisschen Zeit für Christiane und Marc, seinen Sohn.

Am Karfreitag war es dann endlich so weit, sie zogen mit Sack und Pack zum Flughafen. Ihr Häuschen auf Mallorca war keine der Fincas, wie sie die Reichen und Schönen besaßen, sondern ein hübsches, einstöckiges Einfamilienhaus mit einem mediterranen Garten in einer der Küstenstädte. Zum Hafen waren es nur zehn Minuten zu Fuß.

Doch diesmal war die Ankunft kein Vergnügen. Es war ein düsterer, verhangener Tag. Christiane seufzte, als sie das Haus sah. »Wir müssen wirklich mal anfangen, einiges daran zu reparieren – sonst verkommt es uns noch.«

Claus blickte düster auf den Garten, der in ihrer Abwesenheit noch mehr verwildert war. Es sah fast so aus, als würde er wieder den halben Urlaub mit Unkrautrupfen und Bäumezurückschneiden verbringen. Auch Marc war nicht bester Laune. Er hatte seinen Lötkolben nicht mitnehmen dürfen und schmollte.

Um sich aufzuheitern, machte sich Claus gleich nach dem Auspacken auf den Weg zum Hafen. Vielleicht konnte er morgen mal mit dem Boot rausfahren. Ganz früh, wenn noch ein leichter Nebel über dem Wasser hing, bevor es richtig heiß wurde, das machte am meisten Spaß. Doch zu seinem Erstaunen war der Liegeplatz der *Schwalbe* leer. Halb verwirrt, halb wütend machte sich Claus auf den Weg zu Ronny, dem Hafenangestellten, den er mit der Pflege des Boots betraut hatte. Er fand ihn in einer der Werften. »He, Berning!«, begrüßte ihn Ronny fröhlich und gab ihm die ölverschmierte Hand. Er war in Wanne-Eickel aufgewachsen und hatte irgendwann entschieden, dass er den Rest seines Lebens in einer Gegend verbringen wollte, in der etwas öfter die Sonne schien.

Ein paar Minuten Small talk später hielt Claus es nicht mehr aus. »Sag mal, wo ist eigentlich die *Schwalbe* geblieben?«

»Hinüber!«, sagte Ronny und blickte ihn mitleidig an. »Gerade gestern passiert, sonst hätte ich dir Bescheid gegeben. Der Typ, der den Liegeplatz neben dir hat, hatte ein bisschen Pech beim Einparken. Das Leck ist nur ganz klein, aber ich dachte, ich repariere es besser gleich. Keine Sorge, in drei, vier Tagen habe ich sie fertig.«

Claus verkniff sich einen Fluch. Niedergeschlagen kehrte er in ihr Häuschen zurück und zog sich mit *Große Erwartungen* von Charles Dickens in einen Sessel zurück. Das Buch lag schon seit einem Dreivierteljahr auf seinem Nachttisch, aber über die Seite 24 war er bisher nicht hinausgekommen. Am Buch lag das nicht. Er schien einfach nie die Zeit dafür zu finden. Jetzt hatte er endlich die Muße für solche Weltliteratur!

Als Claus am Dienstag nach Ostern routinemäßig seine Mailbox abhörte, klang ihm Monas Stimme entgegen, die ihn um einen dringenden Rückruf bat.

Claus wählte sofort die Nummer seiner Assistentin. »Hallo Frau Talbach«, sagte er. »Was ist los? Wenigstens scheint die Firma nicht abgebrannt zu sein, sonst hätte ich Sie ja nicht erreichen können.«

Sein Scherz fiel nicht auf fruchtbaren Boden. Monas Stimme klang ernst. »Herr Bankdirektor Kränzel hat angerufen und gesagt, Sie sollen ihn sofort zurückrufen.«

»Hm, hätte das nicht Zeit gehabt, bis ich Donnerstag wieder im Büro bin? Hat er gesagt, worum es geht?«

»Nur, dass es sehr dringend sei.«

Claus ließ sich Kränzels Nummer geben. »Guten Tag Herr Kränzel, hier ist Claus Berning. Ich grüße Sie. Sie hatten um einen Rückruf gebeten?«

»Gut, dass Sie sich so schnell melden«, sagte Kränzel. »Ich muss Sie um einen sofortigen Termin für ein Treffen bitten.«

Claus war erstaunt über den schroffen Ton. Schließlich war die Berning GmbH seit Jahrzehnten Kunde bei Kränzels Bank, und ihr Verhältnis war immer ausgesprochen gut gewesen. Sicher, die Bank hatte ihre Expansion kritisch beobachtet, aber warum jetzt eine solche Reaktion? »Ich schaue gerne in der nächsten Woche vorbei, um alle offenen Fragen zu klären. Im Moment bin ich mit meiner Familie auf Mallorca, und nach unserer Rückkehr habe ich noch einige andere dringende Termine.«

»Sie missverstehen mich, Herr Berning. Ich erwarte Sie morgen um 12 Uhr in unserer Bank. Ihre Firma hat die Kreditlinie erheblich überschritten, und ich warne Sie: So etwas schätzen wir überhaupt nicht!«

Erste Erkenntnis:
Benutzen statt besitzen

Zwölf Stunden später ging Claus schnellen Schrittes über die Flure seiner Firma, auf dem Weg zu seinem Büro und zum Treffen mit seinem Finanzchef. Noch immer saß ihm der Schock in den Knochen. Claus hatte gewusst, dass die Kreditlinie ziemlich beansprucht war, aber dass Kränzel ihm von heute auf morgen den Hahn abdrehen könnte – daran hatte er bisher nicht gedacht, und das schockierte ihn. In ihm fochten Wut und Scham – Wut über seinen Finanzchef, der ihn ruhig schon früher hätte warnen können, und Scham darüber, wie blind er offensichtlich gewesen war. Es musste etwas nicht in Ordnung sein mit der Art, wie er die Firma führte, wenn er solche elementaren Dinge nicht im Blick hatte.

Sein Controller Richard Ulrich erwartete ihn bereits in seinem Büro, das sah Claus schon am glücklich abwesenden Blick seiner Assistentin. Richard Ulrich war mit Abstand der am besten aussehende Mann bei der Berning GmbH. Er war groß und hatte eine athletische Figur, während Claus in den letzten Jahren etwas zugenommen hatte. Sein glattes, blondes Haar trug Ulrich im Robert-Redford-Stil, und auch sein Gesicht war markant attraktiv. Doch Claus hatte den Verdacht, dass Ulrich nicht wirklich bewusst war, wie er auf

Frauen wirkte. Jedenfalls schien er es nie zu bemerken, wenn Mona nervös lächelte und die Augen niederschlug, sobald er durch die Tür kam. Undenkbar, dass Claus ihn jemals beim Flirten ertappen würde. Dazu war er einfach zu nüchtern, zu konzentriert. Auch lächeln sah man ihn selten. Überhaupt war sein gesamtes Privatleben allen in der Firma ein Rätsel.

Als Claus hereinkam, drehte sich Richard Ulrich um. »Morgen, Herr Berning.«

Claus war so ärgerlich, dass er sich die Begrüßung sparte. »Wie konnte das passieren? Was ist eigentlich los?«

»Wir haben quasi über Nacht große Probleme mit zwei unserer Kunden bekommen. Bei beiden stehen hohe Forderungen aus, und beide haben bisher nicht bezahlt. Wir müssen damit rechnen, dass es Totalausfälle sind, ich fürchte, sie werden bald in Konkurs gehen.«

»Verdammt!«

»Hinzu kommt, dass auch die Zahlungen unserer anderen Kunden immer zögerlicher erfolgen. Es wird praktisch keine Rechnung mehr pünktlich bezahlt. Vermutlich eine Folge der Konjunkturlage. Jedenfalls haben uns die beiden Faktoren zusammengenommen in eine Liquiditätskrise manövriert.«

»... und unsere Bank hat ausgesprochen schnell reagiert«, sagte Claus bitter. »Um nicht zu sagen übernervös.«

»Mittlerweile haben Banken ein Frühwarnsystem installiert, das bereits bei kleinen außerordentlichen Veränderungen des Kunden reagiert«, erklärte der Finanzleiter.

»Das interessiert mich eigentlich weniger«, sagte Claus. »Mich interessiert, seit wann Sie wissen, *wie* schlecht unsere Liquidität ist.«

Richard Ulrich zögerte kurz mit der Antwort. Sein markantes Gesicht war unbewegt. »Seit Donnerstag vor Ostern.«

»Warum haben Sie mich nicht sofort informiert?«

»Wir haben angenommen, dass über Ostern sowieso nichts passieren würde und wir möglicherweise bis zu Ihrer Rückkehr einen Teil der ausstehenden Forderungen doch noch hereinbekommen würden.«

»Was anscheinend ein Irrtum war!«

Einen Moment lang schwiegen sie beide. Claus lehnte sich zurück, schaute an die Decke und dachte darüber nach, wie schnell sich heute Situationen dramatisch wandeln können. Es war noch gar nicht lange her, ein paar Wochen nur, dass er sich auf dem absoluten Höhepunkt gefühlt hatte. Alles lief, alles schien ihm zu gelingen. Und jetzt das …

Unvermittelt fiel ihm das Seelenbild wieder ein, der Phönix aus der Asche. Hatte Christiane gespürt, dass doch nicht alles so rosig war – oder etwa die Seelenmalerin, ohne ihn zu kennen? Stand ihm wirklich die Vernichtung all dessen bevor, was seine Eltern und Großeltern geschaffen hatten? Ein grauenvoller Gedanke. Noch wusste sein Onkel von nichts, er saß ahnungslos in seinem Büro einen Stock höher. Claus hatte auch nicht vor, ihm etwas von der Krise zu sagen, bevor er mit der Bank gesprochen hatte.

»Könnten Sie mir die Zahlen bis um 18 Uhr auf den Tisch legen? Dann kann ich sie heute Abend noch durchgehen.«

»Geht in Ordnung«, sagte Ulrich. Tatsächlich waren die Zahlen punkt sechs da, so perfekt aufbereitet, wie Claus das von seinem Finanzchef gewohnt war. Das änderte leider nichts daran, dass sie bedrückend waren: Offensichtlich stand die Berning GmbH mit 400 000 Euro im Soll; die Kreditlinie belief sich aber nur auf 300 000 Euro. Kein Wunder, dass die Banker nervös geworden waren – obwohl er die heftige Reaktion doch etwas überzogen fand. Die Konjunktur war nun mal schlecht im Moment.

Bis spät in die Nacht ging Claus die Außenstände durch, versuchte bei jedem Kunden das Risiko abzuschätzen. Je länger er sich mit den Zahlen beschäftigte, desto ruhiger wurde er. Wenn die Bank etwas Geduld hatte, waren die Risiken überschaubar. Sie konnten es in relativ kurzer Zeit schaffen, sogar wieder mit der Kreditlinie auszukommen.

Wenige Minuten vor 12 Uhr betrat er am nächsten Tag die Filiale der Bank und wurde von einer Assistentin direkt in ein Besprechungszimmer geführt. Kurz darauf kam ein junger Mann im dunklen Zweiteiler und mit modisch gegeltem Haar herein. Claus kannte ihn nicht.

»Guten Tag, Herr Berning«, sagte der Schönling und gab ihm die Hand. »Ich bin Mitarbeiter des neu geschaffenen Firmenkundengeschäfts.«

»Ist bei Ihnen umorganisiert worden?«

»Ja, früher waren Privat- und Firmenkundengeschäft in einer Hand, inzwischen wird das bei uns separat gemanagt.«

Claus war erstaunt. »Sie meinen, künftig gibt es bei Ihnen unterschiedliche Ansprechpartner für eine Person und Firma – je nachdem, ob es ums Privat- oder Firmenkundengeschäft oder das Vermögensmanagement geht?«

»Richtig«, sagte der junge Mann und lächelte. »Allerdings kommt das Vermögensmanagement für Sie ja zurzeit kaum infrage – soweit ich weiß, haben Sie Ihr gesamtes Kapital in die Firma gesteckt, oder?«

Claus nickte säuerlich.

»Also, Herr Berning, wie stellen Sie sich die Lösung unseres Problems vor?«

Claus legte los. »Wenn ich es richtig von den Zahlen her sehe, haben wir unser Limit um 100 000 Euro auf insgesamt 400 000 Euro überschritten …«

»Das ist falsch, Ihre interne Kreditlinie ist nur bis 250 000 Euro genehmigt«, antwortete der junge Mann eine Spur arrogant.

»Moment«, sagte Claus, »meines Wissens liegt sie bei 300 000!«

»Das haben Sie wohl der Kulanz von Dr. Kränzel zu verdanken. Bisher sind die zusätzlichen 50 000 Euro lediglich intern geduldet worden.«

Claus zwang sich, ruhig zu bleiben. »Was bedeutet das nun konkret?«

»Sehr einfach. Dass Sie Ihre Kreditlinie um 150 000 Euro überzogen haben, Herr Berning.«

Claus atmete einmal tief durch. »Nun gut. Ich habe Ihnen hier einmal Unterlagen ausgearbeitet, aus denen ersichtlich ist, dass wir uns durchaus in einer sehr interessanten Wachstumsphase befinden und dass wir höchstens über einen kurzfristigen Engpass miteinander reden müssen, langfristig aber hoch interessante Chancen vorhanden sind.«

In den nächsten 45 Minuten erläuterte Claus anhand von Charts im Detail die Entwicklung der letzten Zeit, die Gesamtsituation der Kundenforderungen und die Perspektiven, die sich aus seiner Sicht in Zukunft ergeben würden. Geduldig beantwortete er jede Frage und untermauerte sie mit Zahlen.

Als er fertig war, herrschte erst einmal Stille. Na also, jetzt hat er verstanden, dass die Firma nicht in einer kritischen Situation ist, sondern wir nur einen kurzfristigen Liquiditätsengpass haben, dachte Claus zufrieden und fragte: »Was sagen Sie dazu?«

Der Mitarbeiter der Firmenkundenabteilung sah Claus an. »Interessant, Herr Berning. Nun, wie stellen Sie sich die Bareinzahlung dieser 150 000 Euro jetzt vor?«

Claus war wie vor den Kopf geschlagen. Eine dreiviertel Stunde lang hatte er sein Konzept schlüssig vorgetragen, und jetzt ignorierte dieser kleine Sachbearbeiter seine Argumente komplett! Mühsam unterdrückte er die in ihm aufsteigende Wut. »Ich habe Sie wohl nicht richtig verstanden?«

»Doch«, sagte der junge Mann, »Sie haben mich sicher richtig verstanden. Lassen Sie uns jetzt einmal darüber reden, welche Barmittel Sie vielleicht irgendwo anders haben, welche höheren Sicherheiten Sie geben können und welche Sachvermögensgegenstände möglicherweise unsererseits als Sicherheit akzeptiert werden könnten.«

Claus stand auf. »Ich darf Sie bitten, sofort Ihren Vorgesetzten, den Leiter der Firmenkundenabteilung, zu holen, und ich bestehe darauf, dass Herr Dr. Kränzel ebenfalls an diesem Gespräch teilnimmt.«

Der junge Mann schaute ihn leicht irritiert an. Dann erkannte er, dass es wohl der einfachere Weg sei, seinen Chef hinzuzuziehen. Er ging hinaus und machte sich nicht die Mühe, die Tür leise zu schließen. Claus blieb allein zurück. Er war noch immer erbost darüber, wie man mit ihm umging. Bisher war er davon ausgegangen, dass zwischen Unternehmen und Bank ein partnerschaftliches Verhältnis bestünde. Offensichtlich war das eine Fehlannahme gewesen...

Die Tür öffnete sich und der junge Mann kam mit einem schlanken älteren Herrn und Dr. Kränzel herein. »Darf ich vorstellen: Dr. Wiegand, Leiter des Firmenkundengeschäfts«, sagte Dr. Kränzel, nachdem er Claus begrüßt hatte.

Claus hatte keine Lust, sich mit dem Austausch von Höflichkeiten aufzuhalten. »Ich finde die Art, wie man mit mir umgegangen ist, mehr als befremdlich!«

Wiegand zeigte keine Regung und überließ Dr. Kränzel das Wort. Offensichtlich hatten sich die beiden auf dem Weg zu ihm abgesprochen. »Herr Berning, ich kenne Sie und Ihren Onkel seit mittlerweile fast fünfzehn Jahren.«

»Genau, umso mehr bin ich überrascht, wie sich der Umgangston hier so schnell verschärft hat«, sagte Claus. Er erklärte noch einmal kurz, wie er sich die Lösung der Situation vorstellte und dass er zu keinem Zeitpunkt unüberschaubare Risiken sehe, allerdings nur etwas Zeit brauche, um mit den noch ausstehenden Kundenforderungen die jetzige Liquiditätslücke zu decken. Die drei Herren nickten ernst und baten ihn, doch freundlicherweise für ein paar Minuten draußen Platz zu nehmen, da sie sich intern noch einmal besprechen wollten.

Claus setzte sich in einen kleinen Besprechungsraum nebenan. Ihm wurde fast übel bei dem Gedanken, dass die drei Banker gerade über die Zukunft seiner Firma entschieden. Diese drei Menschen konnten das Todesurteil der Berning GmbH unterzeichnen. Er machte sich nichts vor: Ein bisschen gepokert hatte er schon. Natürlich waren die Zahlen, die er präsentiert hatte, ein bisschen rosiger als in der

Realität. Normalerweise machte so etwas nichts aus – nur durfte natürlich nichts Weiteres mehr passieren, sonst kam er wirklich in die Bredouille. Aber das brauchte er ja den Bankern nicht zu erzählen …

Ihm kamen immer mehr Zweifel, ob eine solche Abhängigkeit wie die von der Bank die Lösung für die Zukunft darstellte. Wenn er es sich genau überlegte, hatte er durch seine Firmenaufstellung extrem viele Abhängigkeiten. Es musste nur wenig geschehen, um das ganze Unternehmen in eine Schieflage zu bringen.

Wieder dachte er an Yvonne und das Seelenbild. Wusste diese Malerin etwa mehr über das Schicksal seiner Firma als er selbst? Wollte sie ihm mit diesem Bild wirklich seine Zukunft zeigen? Nur wie sollte er als Phönix aus der Asche auferstehen? Und was war zu tun, um aus seinem Unternehmen eine Zukunftsfirma zu machen – ein Unternehmen, das auch noch über weitere Generationen hinweg Bestand haben würde?

Jemand klopfte, und die Assistentin bat ihn, jetzt wieder zurückzukommen. Mit gemischten Gefühlen ging Claus den Bankern entgegen.

»Herr Berning, ich hoffe, Sie hatten Verständnis dafür, dass wir uns erst einmal intern beraten wollten«, sagte Wiegand. Seine Stimme klang spröde, aber nicht unfreundlich. »Wir haben noch einmal alle Für und Wider gegeneinander abgewogen und sind, ähm, zu der Entscheidung gekommen, dass wir Ihren Ausführungen vorerst folgen. Wir dürfen Sie allerdings darauf aufmerksam machen, dass wir die Entwicklung in den nächsten drei Monaten sehr genau beobachten werden. Wir fragen uns, ob Sie mit Ihrer Firmengruppe strategisch auf

dem richtigen Wege sind oder ob nicht ein anderes Geschäftsmodell für Sie mehr Sinn machen könnte. Denken Sie nur an
den zunehmenden globalen Wettbewerb.«

Nun kommen auch noch die Banker damit, zuckte es
Claus durch den Kopf. Doch die drei Herren ließen ihm
keine Zeit für eine Antwort. »Das meinen wir sehr ernst«,
unterstütze Kränzel die Worte seines Kollegen. »Es tut mir
leid, Herr Berning, dass wir Ihnen so die Pistole auf die
Brust setzen müssen, aber das mit den drei Monaten sollten
Sie äußerst ernst nehmen. Wenn Sie uns bis dahin einen
komplett überarbeiteten Businessplan vorlegen können,
dann werden wir die Expansion Ihres Unternehmens sehr
gerne weiterhin finanzieren. Wenn nicht, dann müssen wir
uns leider aus diesem Engagement zurückziehen. Sie kennen
doch sicher auch die Konsequenzen, die sich aus unserem
Basel II-Abkommen ergeben. Sie gelten noch nicht offiziell,
wir wenden sie allerdings bereits an.«

Claus war schockiert. Die Bank wollte also tatsächlich
aussteigen! Immerhin, eine Galgenfrist. Sicher hatte er die
Dr. Kränzel zu verdanken. Aber war es überhaupt in drei
Monaten zu schaffen, nicht nur die Liquidität zu verbessern,
sondern das Unternehmen komplett zu überdenken? »In
Ordnung«, sagte Claus. »In drei Monaten werde ich Ihnen
ein neues Konzept präsentieren. Ich danke Ihnen für das
Gespräch und Ihr Verständnis.«

»Grüßen Sie Ihren Onkel von mir«, rief ihm Dr. Kränzel
hinterher.

Während der Fahrt zurück zur Firma ging Claus das
Gespräch im Kopf herum. Sicher, es war für einen Außenstehenden schwer, die Qualität seines Geschäfts zu beurtei-

len, und letzten Endes trug nur er die Verantwortung für die Zukunft der Berning GmbH. Andererseits hatten ihn die kritischen Fragen der drei Herren zum Nachdenken gebracht. War es möglich, dass sich die Rahmenbedingungen weltweit so verändert hatten, dass eine Expansion, wie er sie sich vorstellte, nicht mehr funktionierte? Er würde sich dafür noch stärker von Banken abhängig machen müssen. Und was nützte es, wenn er expandierte und unterm Strich nichts mehr übrig blieb?

Den Rest des Tages verbrachte er über Zahlen brütend in seinem Büro, alle anderen Termine hatte er abgesagt. Noch in Gedanken versunken schloss er am Abend die Tür seines Hauses auf. Sofort war Marc zur Stelle – wie immer. »Papa, hilfst du mir bei den Hausaufgaben?«

»Seit wann brauchst du denn Hilfe bei den Hausaufgaben?«, sagte Claus kopfschüttelnd. »Nein, Marc, heute habe ich sowieso keine Zeit, ich muss noch ein paar Unterlagen durchgehen.«

Christiane kam ihm entgegen. »Alles klar gegangen bei der Bank? Hat es sich wenigstens gelohnt, dass wir so überstürzt zurückgefahren sind?«

»Es war härter als ich gedacht hatte. Dieser verdammte Ulrich hätte mich viel früher warnen sollen. Stell dir vor: Sie lassen mir eine Frist von drei Monaten, und sie wollen, dass ich in dieser Zeit wieder aus dem Soll komme und die Firma strategisch anders ausrichte. Sonst drehen sie den Hahn ab.«

Seine Frau schien das kaum zu schockieren. Sie lächelte vielmehr. »Was ist los, hast du im Lotto gewonnen? Du strahlst ja richtig«, fragte Claus.

»Heute habe ich mein Seelenbild von Yvonne bekommen!

Ich hatte sie gefragt, ob sie auch für mich so ein Bild malen könnte.«

Auch das noch! In was für einer Welt lebte seine Frau? Er hatte drei Monate Zeit, um das Unmögliche möglich zu machen, und sie wandelte unbeschwert auf dem Esotrip!

Christiane hatte ihr Bild bereits über dem Kamin platziert. Mit den kräftigen Rot-, Gelb- und Goldtönen sprach es Claus auf Anhieb mehr an als sein eigenes. Im Zentrum des Bildes stand eine hübsche junge Frau. Sie wirkte frei, völlig unbeschwert. In der linken Hand hielt sie eine Kugel und in der rechten Hand eine Blume.

»Was soll denn das bedeuten?«

»Das kann uns Yvonne selbst erzählen – ich habe sie heute zum Abendessen eingeladen. Bei uns. Sie kommt um acht.«

»Du hast was?« Jetzt wurde Claus richtig wütend. »Du hättest mich wenigstens fragen können. Ich hatte einen harten Tag und weiß nicht, ob ich Lust darauf habe, jetzt noch irgendwelche Leute unterhalten zu müssen.«

Christiane lächelte süffisant. »Erstens ist sie nicht ›irgendwelche Leute‹, und zweitens wird sie dir bestimmt gefallen. Auf jeden Fall ist es ohnehin zu spät, noch abzusagen.«

Das hat Christiane ja geschickt eingefädelt, dachte Claus. Er kapitulierte. Sollte sie doch kommen und mal erzählen, warum sie glaubte, die Zukunft anderer Leute malen zu können.

Um acht verkündete Christiane, dass die Paella fertig sei. Claus warf einen Blick auf den Esstisch – er war liebevoll gedeckt, das Geschirr glänzte im Licht zweier Kerzen. »Jetzt kann Yvonne kommen!«, verkündete Christiane fröhlich. Doch es klingelte nicht.

Claus ließ sich in einem der Ledersessel nieder, blätterte im Handelsblatt und bemühte sich, nicht so zu wirken, als warte er auf etwas. Christiane hantierte lautstark in der Küche.

Viertel nach acht. Christiane setzte sich kurz zu ihm, sprang wieder auf, um den Wein zu entkorken und zu dekantieren, schaute auf die Uhr und hetzte in die Küche zurück. »Ich stelle die Paella warm, sonst wird der Reis zu weich.« Claus grunzte nur.

Halb neun. »Vielleicht ist ihr etwas dazwischengekommen«, sagte Christiane und blickte ratlos drein. Marc meckerte: »Wann essen wir denn nun endlich? Ich habe total Hunger!«

Als es um Viertel vor neun klingelte, schraken sie alle zusammen. Mit schnellen Schritten ging Christiane zur Tür. Neugierig folgte ihr Claus.

Befremdet betrachtete er die Gestalt, die im Türrahmen stand. Yvonne war eine mollige Frau um die vierzig mit hoch getürmtem blonden Haar und Lachfalten. Sie trug eine knallgrüne Bluse, einen lilafarbenen weiten Rock und Wanderschuhe, die schon bessere Tage gesehen hatten. Claus konnte förmlich spüren, wie Christiane, die sich immer stilsicher und elegant anzog, bei diesem Anblick innerlich zusammenzuckte.

»Seid gegrüßt, ihr Lieben!«, sagte die Seelenmalerin fröhlich. »Das riecht ja schon richtig gut hier.«

Christiane schaffte ein herzliches Lächeln. »Schön, dass du noch kommen konntest.«

Soso, sie sind schon per Du, bemerkte Claus.

»Und Sie sind also der Phönix aus der Asche!«, sagte

Yvonne und streckte Claus die Hand entgegen. Diese Begrüßung trug nicht gerade dazu bei, seine Sympathie zu gewinnen. »Und Sie sind also die Wahrsagerin«, erwiderte er.

»Um Himmels Willen, das klingt ja nach Rummelplatz und Zirkusbude«, lachte Yvonne. »Außerdem kann man meine Dienste zurzeit nicht kaufen. Ich verschenke viele meiner Bilder.«

»Wahrscheinlich kann man sowieso nicht von einer Berufstätigkeit als Seelenmalerin leben, oder?« Claus konnte sich die Stichelei nicht verkneifen.

»Aber nein. Die meisten Leute wollen gar nicht wirklich wissen, was auf sie zukommt – es erschreckt sie zu sehr. Oder sie sind hin- und hergerissen zwischen der Neugier zu wissen, was passieren wird, und der Angst, ihr Leben verändern zu müssen. Das wäre, wenn ich das Ziel hätte, Profit zu machen, wahrscheinlich schlecht fürs Geschäft.«

Innerlich gestand sich Claus ein, dass sie es in seinem Fall tatsächlich geschafft hatte, ihn zu verunsichern. »Was haben Sie dann von der ganzen Sache? Schockieren Sie die Leute gerne?«

»Manchen tut das ganz gut«, konterte Yvonne lächelnd. »Außerdem muss man ja nicht akzeptieren, was ich sage und zu erkennen meine.«

Erst jetzt merkte Claus, dass Yvonne geschickt vermieden hatte, etwas über sich preiszugeben. Wovon sie eigentlich lebte, hatte er nicht erfahren.

Sie widmeten sich der Paella, die zwar schon etwas eingetrocknet war, sich aber als noch essbar erwies. Marc, der Fremden gegenüber sehr schüchtern war, schaufelte seine Portion schweigend in sich hinein und glotzte Yvonne hin und wieder staunend an. Die merkte davon jedoch nichts, weil sie sich mit Christiane über Kunst und die Ausstellung eines befreundeten Malers unterhielt. Schließlich begann Marc aber doch zu gähnen und verschwand in sein Zimmer.

»Was bedeutet eigentlich mein Seelenbild?«, fragte Christiane schließlich. »Ich habe schon den ganzen Tag daran herumgerätselt, trotz der Kassette.«

»Seine Botschaft ist, dass du dich in eine Phase des Experimentierens hineinbegeben wirst«, erklärte Yvonne. »Ganz frei von Zwängen, auf dem Weg zu neuen Dingen. Du wirst dich auf die Suche nach unerforschten Potenzialen begeben. Es wird sicher eine spannende Zeit für dich. Und ich glaube, dass du am Ende finden wirst, was du suchst.«

Christiane sah zufrieden aus. Claus dachte sarkastisch: Na, da bin ich ja mal gespannt, wohin ihre Experimente meine liebe Gattin führen werden.

»Und, wie hat Ihnen Ihr Bild gefallen?«, wandte sich Yvonne wieder an Claus.

»Ehrliche Antwort?«

»Ja, ehrliche Antwort.«

Claus nahm sie beim Wort. »Grüntöne sind nicht so mein Geschmack. Allerdings haben Sie zufällig ziemlich ins Schwarze getroffen. Es ging mir schon mal besser.«

»Das war kein Zufall«, sagte Yvonne. »Nach dem, was ich über Ihr Unternehmen weiß, wird es Zeit, die Grundlagen noch mal zu überdenken. Unternehmensmodelle wie Ihres sind in der Dynamik des Wandels zum Scheitern verurteilt.«

Claus hätte dieser Hippietante am liebsten sofort die Tür gewiesen. Unverschämt, wie sie es sich herausnahm, seine bisher sehr erfolgreiche Firma zu kritisieren. »Und Sie wissen natürlich, wie wir uns für die Zukunft rüsten können«, sagte er sarkastisch.

Doch Yvonne ließ sich nicht provozieren. »Es gibt wirklich einige Erkenntnisse, die ich Ihnen vermitteln könnte – und auch ein paar neue Perspektiven«, sagte sie ruhig.

Claus konnte sich schon denken, was das für Erkenntnisse waren. Vermutlich konnte sie ihm blendende Tipps darüber geben, wie man mit einer Wünschelrute Geldquellen fand oder wie seine Mitarbeiter mithilfe fernöstlicher Meditation zu einer besseren Arbeitseinstellung finden würden.

»Na, dann legen Sie mal los«, sagte er und lehnte sich zurück.

Doch Yvonne schüttelte den Kopf. »Ich weiß nicht, ob Sie überhaupt bereit sind, sich für die Zukunft zu öffnen. Sie müssten vieles völlig neu denken, sich in Ihrer Firma von Vertrautem und Bewährtem verabschieden und Neues wagen – ich glaube nicht an die Zukunft des Managements, wie wir es kennen. Es wäre nicht einfach für Sie. Sie müssten es wirklich wollen.« Wer war diese Frau, so zu tun, als würde sie sich in der Welt des Business auskennen?

Claus lag eine bitter-ironische Bemerkung auf den Lippen. Stattdessen hörte er sich ruhig antworten: »Sich auf neue Gegebenheiten einzustellen ist nie einfach.«

»Ich fürchte auch – gerade zurzeit«, sagte Yvonne ruhig. »Immer mehr Manager versagen, sind überfordert und bekommen die Dynamik, in der wir uns befinden, nicht mehr in den Griff. Viele kommen heute mit den neuen Realitäten nicht mehr klar.«

Überfordert? Vielleicht hatten auch die Bankmitarbeiter

so über ihn gesprochen. Ein neuer, junger Chef. Er hat nach kurzer Einarbeitungszeit die Leitung des Traditionsunternehmens übernommen. Aber er schafft es nicht, die Firma auf den richtigen Weg zu bringen …

»Sie, Herr Berning, hätten die Chance, die neuen Spielregeln zu verstehen, bevor es zu spät ist. Sie könnten die Zukunftsfirma entstehen lassen«, fuhr Yvonne fort.

Eigentlich sollte Claus die knappe Zeit, die ihm blieb, besser über den Zahlen in seiner Firma verbringen. Gleichzeitig ertappte er sich dabei, dieser Frau interessiert zuzuhören. In ihren Worten und manchmal auch für Momente lang in ihren Augen war eine nüchterne Entschlossenheit, die ihn ahnen ließ, dass diese Frau mehr war als eine talentierte Malerin. Neugierig fragte er sich, woher sie etwas von Management verstand. Vielleicht sollte er einmal versuchen, mehr über sie herauszufinden …

»Was wäre, wenn ich die Chance ergreifen würde?«, fragte er.

»Dann würde ich Ihnen, sagen wir, sechs Erkenntnisse und eine Weisheit erklären – und es Ihnen möglich machen, in Zukunft zur Spitze zu gehören«, sagte Yvonne.

Claus entschloss sich, sie auf die Probe zu stellen. »In Ordnung! Aber meine Zeit ist knapp. Wir sollten heute schon anfangen.«

Christiane seufzte erleichtert. Claus blickte sie fragend an. Wieso war ihr das so wichtig?

»In Ordnung«, sagte Yvonne lächelnd, »also legen wir los. Ihr habt, so hat mir Christiane erzählt, ein sehr schönes Haus auf Mallorca. Wie oft benutzt ihr es?«

Christiane kam Claus zuvor. »Viel zu selten. Wenn es

hochkommt gerade einmal dreißig Tage im Jahr, rund einen Monat. Mehr Zeit haben wir leider nicht.«

»Das heißt, elf Monate im Jahr steht das Haus leer?«, hakte Yvonne nach.

»Na ja«, sagte Christiane, »wir haben ab und zu unsere Eltern dort oder Freunde, die wir einladen. Aber im Prinzip hast du Recht.«

»Und«, hakte Yvonne nach, »ihr habt ein eigenes Boot, habe ich das richtig verstanden? Wie oft benutzt ihr das?«

Claus fuhr dazwischen. »Moment mal, ich sagte, meine Zeit ist knapp. Wir wollten über die Firma sprechen und nicht über Sonne, Strand und Ferien. Das Urlaubsmanagement kriegen wir schon ganz alleine in den Griff.«

Yvonne lächelte mit dieser klaren Bestimmtheit in den Augen: »Drei Minuten Geduld, okay? Also: Wie oft benutzt ihr das Boot?«

»Noch weniger als das Haus«, knurrte Claus. »Im Winter ist der Wellengang meistens so hoch, dass wir nicht rausfahren können. Und zurzeit ist das Ding mal wieder in der Werft.«

»Das ist typisch«, sagte Yvonne.

»Was ist typisch?«, fragte Claus.

»Typisch«, antwortete Yvonne, »für die erste Erkenntnis. Sie lautet: Benutzen statt Besitzen.«

Claus, der den beiden Frauen gerade von seinem guten Rioja nachschenkte, hielt mitten in der Bewegung inne. »Wie soll ich das denn verstehen?«

Yvonne erklärte: »In Zukunft wird Besitz immer mehr zum Problem der Firmen. Nicht mehr der Besitz wird entscheidend sein, sondern der Zugriff auf die Benutzung. Rechnen Sie sich mal aus, was die jährlichen Zinsverluste durch das entgangene Kapital des Hauses und des Bootes ausmachen, also wie viel Zinsen Sie kassieren würden, wenn Sie das gleiche Geld auf einem Konto anlegen würden, und wie hoch Ihre gesamten jährlichen Unterhaltskosten sind. Nehmen Sie die Gesamtsumme und teilen Sie sie durch die dreißig Tage, an denen Sie auf Mallorca sind. Sie werden feststellen, dass Sie sich für diese Summe jedes Haus und jedes Boot auf dieser Welt leihen könnten, ohne sich mit den anderen Verpflichtungen herumärgern zu müssen.«

> **Besitz wird in Zukunft das größte Problem der Firmen.**

»Ich hänge an meinem Boot«, wandte Claus mit einer Spur von Trotz ein. »Für mich macht es einen gewaltigen Unterschied, ob man etwas besitzt oder nicht.«

Yvonne nickte. »Sicher. In den eigenen vier Wänden leben zu können, die eigenen Bücher auf dem Nachttisch – das ist angenehm, aber wie hoch ist der Preis?«

Claus und Christiane sahen sich an. Auch sie hatten schon oft darüber gesprochen, dass der Aufwand für ihr Inselhäuschen in keinem Verhältnis zu der Zeit stand, die sie dort verbrachten. Claus kannte das Argument seiner Frau schon auswendig: »Für das Geld, das wir für das Haus ausgeben, könnten wir um die Welt reisen!« Worauf Claus gewöhnlich das Thema wechselte.

Yvonne legte ihren Löffel beiseite und sagte: »Der Besitztrieb des Menschen sitzt tief. Und Manager sind auch nur Menschen. Sie wollen Gebäude besitzen, Fabriken, Maschinen, Anlagen, Grundstücke.« Langsam redete sich ihr Gast in Fahrt. »Aber es geht noch weiter. Letzten Endes wollen sie auch Kunden besitzen, Mitarbeiter. Weil die Größe ihres Besitzes Ausdrucksform ihrer Macht ist. Manager wollen nicht loslassen, sie verstehen nicht, dass ›Zugang statt Besitz‹ viel mehr Wahlmöglichkeiten bietet. Nutzungsrechte können angepasst werden. Mit Leasingverträgen sind sie viel flexibler.«

Claus war wie vor den Kopf geschlagen. Es war doch gerade der Besitz an Sachwerten, der große Maschinenpark zum Beispiel, der den Wert der Berning GmbH ausmachte. Wenn er die Maschinen verkaufen würde, stünde er ja gänzlich ohne Hemd vor den Bankern da. Natürlich hatte Macht immer etwas mit Besitz zu tun – wieso sollte sich das nun ins Gegenteil verkehren? Warum sollten plötzlich diejenigen zu den Erfolgreichen gehören, die nichts besitzen?

Minutenlang herrschte Schweigen am Tisch. Schließlich sagte Claus: »Okay. Denken wir mal ein Stück weiter. Was heißt das für meine Firma?«

Yvonne schaute ihm fest in die Augen und sagte: »Trennen Sie sich von Ihren Fabriken, Maschinen und Anlagen!«

> **Die Formel »Besitz gleich Macht« hat ihre Gültigkeit verloren.**

Claus lachte. »Seien Sie mir nicht böse, Yvonne. Aber um das alles aufzubauen, haben wir Jahrzehnte gebraucht. Das soll ich vernichten, nur weil Sie behaupten, die neuen Spielregeln zu kennen?«

»Sie vernichten nichts. Sie entwickeln sich nur in eine neue Ebene hinein.«

Claus hatte genug. In eine neue Ebene hineinentwickeln … Die Frau war nicht dumm, aber eben irgendwie von einem anderen Stern. Er suchte nach einem Satz, um das Gespräch einem schnellen Ende zuzuführen, aber mit der nächsten Bemerkung berührte die Seelenmalerin einen wirklich wunden Punkt. »Ich wette, dass es Ihnen immer schwerer fällt, mit deutschen Produktionskosten im weltweiten Markt mitzuhalten?«

»Das ist richtig«, antwortete Claus widerwillig. Für eine Seelenmalerin hatte sie doch zu viel Ahnung vom Business.

»Denken Sie doch einfach mal weiter: Ist es die eigentliche Stärke Ihrer Firma, eigene Maschinen zu besitzen? Oder lebt Ihr Unternehmen von einem ganz anderen Wert?«

»Mag sein«, knurrte Claus. »Aber ich finde es etwas überzogen, den Besitz von Produktionsmitteln als Managementfehler darzustellen – das ist es doch, was Sie sagen wollen, oder?«

➤ **Wie bestimmen Sie den Wert Ihrer Firma?**

Yvonne lächelte ihn an. »Ich kann Ihre Reaktion verstehen. Hier geht es um die Machtfrage – oder noch genauer: um einen möglichen Machtverlust.«

»Sie lenken ab. Jetzt mal zurück zum Grundproblem. Wenn ich nichts mehr besitze, kann ich ja im Grunde genommen bald auch gar nichts mehr verkaufen!«

»Genau«, sagte Yvonne, »und das wird Vertrieb und Marketing ziemlich aufmischen, wenn ich das mal so sagen darf, Herr Berning. Wir werden bald keine Verkäufer- und Käuferverhältnisse mehr haben. Es wird in Zukunft immer weniger zu kaufen geben, stattdessen werden wir mehr in Anbieter- und Nutzerverhältnisse wechseln. Wir nutzen immer mehr Gegenstände wie Autos, Möbel, Handys, ja ganze Wohnungen und Häuser. Firmen werden immer mehr leasen, leihen, mieten – und werden damit maximal flexibel! In der zukünftigen Wirtschaftswelt muss man höchst flexibel sein, sonst hat man keine Chance.«

> **In Zukunft wird es keine Käufer und Verkäufer mehr geben, sondern nur noch Anbieter und Nutzer.**

»Liebe Yvonne«, Claus bemühte sich zu lächeln. »Sie rütteln an den Grundfesten der allermeisten Unternehmen. Und der Bewertungsgrundlagen noch dazu. Wenn das Unternehmen nichts mehr besitzt, welchen Wert soll es denn darstellen?«

»Es gibt schließlich auch immaterielle Werte. Wissen. Mitarbeiter. Schauen Sie, das Geld wird über die Nutzungsgebühr verdient. Im Extremfall werden die Produkte verschenkt, und der Service ist die Gewinnquelle. Was bei Handys heute schon Normalität ist, wird auf immer mehr Geschäftssysteme übertragen werden. Besitzlosigkeit wird zum entscheidenden Wettbewerbsvorteil.«

»Also, verschenken wird die Berning GmbH in Zukunft sicher nichts«, konterte Claus. »Wie soll denn ein solches Geschäftssystem aussehen? Sorry, aber im Moment kann ich mir das noch nicht wirklich vorstellen.«

»Es gibt heute schon Firmen, die nicht mehr besitzen als Vertriebskanäle und damit den Zugriff auf Absatzwege – die werden die Gewinner sein, verlassen Sie sich drauf«, sagte

Yvonne und zündete sich mit einem goldenen Feuerzeug in Form des Eiffelturms eine Lucky Strike an. Christiane blickte wenig begeistert drein. Sie hasste es, wenn in der Wohnung geraucht wurde – schon wegen Marc.

»Haben Sie schon mal diesen Fernsehsender geschaut, HOT heißt er? Sie wissen schon, einer dieser Teleshopping-kanäle. Damit werden wirklich Milliardenumsätze ange-peilt. Das System ist ziemlich einfach. Waren werden nur für diese Sendung eingekauft und können gekauft werden, solange der Vorrat reicht. Ein professionelles Call Center wird auf Tausende von Anrufern vorbereitet, und die Ware ist in kürzester Zeit abgesetzt.«

»Ich finde diese Teleshopping-Sendungen zwar eine Zu-mutung, aber Sie haben Recht, die Idee hat etwas«, meinte Claus.

»Sie sehen, es gibt immer mehr Unternehmen, die außer professionellem Know-how nichts besitzen und dadurch nur ganz geringe Kosten haben, aber dafür umso mehr Geld mit ihrem Wissen verdienen«, sagte Yvonne und blies eine Rauchwolke zur Decke. »Zum Beispiel Unternehmen, die sich darauf spezialisieren, zu vermarkten und zu vernetzen. Diese neue Spezies von Unternehmen vermittelt Zugriff, die Nutzung von Kundenkontakten. Das ist der Typ der neuen Zukunftsfirma.«

»Also braucht man in Zukunft wenigstens noch jeman-den, der vermarktet. Das wird einige bei uns freuen.«

»Ja, aber wir werden sehr viel weniger Aufwand für Wer-bung und Marketing betreiben müssen. Schließlich sind Nutzungsbeziehungen im Gegensatz zu einzelnen Transak-tionen meist langfristig, und es besteht eine gewisse Abhängigkeit voneinander«, sagte Yvonne. »Das heißt, in Zukunft werden wir nicht mehr so hohe Kosten haben, um neue Einzelkunden zu gewinnen.«

»Das klingt gut«, sagte Claus. »Heißt das, wir müssen in Zukunft eher in Kundenanteilen denken und weniger in Marktanteilen?«

> **Nicht Marktanteile zählen, sondern »Kundenanteile«.**

»Ganz genau. Hm, Christiane, ist eigentlich von dieser köstlichen Mousse noch etwas übrig?«

»Aber klar«, sagte Christiane und lächelte amüsiert. Sie wandte sich an Claus: »Für dich auch, Schatz?«

Claus hatte jetzt keinen Gedanken für Dinge wie Mousse au chocolat übrig. Langsam dämmerte ihm, was das alles bedeutete. »Moment mal, wenn ich Sie recht verstanden habe, werden die erfolgreichen Unternehmen in Zukunft gar keine Produkte mehr anbieten!«

»Ich glaube, Herr Berning, Sie haben die erste Erkenntnis begriffen«, sagte Yvonne zufrieden. »Erfolgreiche Unternehmen werden sich nur noch mit Nutzungsrechten und Beziehungen beschäftigen. Die Geschäftsgrundlagen werden sich dramatisch verändern, sie werden nicht mehr wie in der klassischen Marktwirtschaft funktionieren. Klingt doch ganz logisch, oder?«

»Sie haben leicht reden«, stöhnte Claus. »Sollten Sie recht behalten, und es spricht einiges dafür, dann ist meine Firma auf dem völlig falschen Weg.«

Mit großer Sympathie blickte ihn die Seelenmalerin an. »Leider ist die erste Erkenntnis auch die am schwersten umsetzbare: Stichwort Besitzdenken. Aber ich wünsche Ihnen viel Glück, werfen Sie nicht zu schnell die Flinte ins Korn! Und denken Sie daran, dass Sie damit die Abhängigkeit von Ihren Banken verringern können. Das beste Beispiel ist Leasing. Denn es reduziert Ihr Kreditobligo.«

Claus spielte noch in Gedanken versunken mit dem Rotweinglas, als Yvonne sich schon eine ganze Zeit vorher verabschiedet und Christiane bereits die Spülmaschine eingeschaltet hatte »Hast du gewusst, dass sie als Managementberaterin etwas taugt?«, fragte er seine Frau.

»Ich schätze sie nicht nur als Malerin«, tönte es aus der Küche.

»Hast du eine Ahnung, was sie früher gemacht hat?«, antwortete Claus. »Ich würde zu gerne mehr über sie erfahren.«

Christine lachte. »Soso, auf einmal interessierst du dich doch für Seelenmalerei!«

»Jaja, schon gut«, brummte Claus.

»Jetzt mal im Ernst: Sie spricht nicht über die Vergangenheit. Ich weiß auch nicht viel mehr über sie als du.«

Später, als sie zu Bett gegangen waren, fand Claus immer noch keine Ruhe – ihm ging mal wieder zu viel im Kopf herum. »Wieso hast du eigentlich so entschieden genickt, als Yvonne von diesen überforderten Managern gesprochen hat?«, fragte er vorsichtig. »Du meinst doch nicht etwa, dass ich...«

»Du warst in letzter Zeit so oft erschöpft«, sagte Christiane. »Richtig dünnhäutig. Fertig. Und Marc sehnt sich so danach, Zeit mit dir zu verbringen.«

»Dass man eingespannt ist, gehört nun mal dazu, wenn man eine Firma leitet«, sagte Claus. »Aber du hast schon

Recht, ich werde versuchen, mich zu bessern, wenn erst mal die nächsten drei Monate rum sind.« Die Erinnerung an die Frist klammerte sich schmerzhaft um seine Brust. Jetzt hatte er den ganzen Abend mit einer Seelenmalerin vertan, statt sich Gedanken über den neuen Businessplan zu machen.

Es hielt ihn nichts mehr im Bett. Leise schloss er die Schlafzimmertür hinter sich, holte den Bademantel aus dem Schrankzimmer und setzte sich an den Schreibtisch. Er wollte sofort anfangen. Die Zeit lief. Der Laptop lud hoch, und Claus kopierte sich die letzte Gliederung seines Businessplans aus dem Intranet. Als Überschrift gab er ein »Business-Plan für die neu strukturierte Berning GmbH«. Dann wandte er sich dem ersten Kapitel zu: »Die Geschäftsidee«. Nachdem er minutenlang auf den Bildschirm geschaut hatte, löschte er den ersten Gliederungspunkt und gab stattdessen ein: »Die erste Erkenntnis«.

Claus' Erkenntnis-Tagebuch: In der Zukunftsfirma gilt als erste Erkenntnis: Benutzen statt Besitzen. Dies hat weitreichende Konsequenzen. Offensichtlich wird es entscheidend sein, langfristige Beziehungen statt Verkäufer-/Käufer-Situationen herzustellen.

Vertriebskonzepte müssen radikal umgestellt werden.

Dauerhafte Nutzungsgebühren sind entscheidender als der einmalige Abschluss.

Es wird immer weniger zu kaufen geben.

Immer mehr wird gemietet und geleast oder einfach über eine monatliche Gebühr benutzt.

Wir werden alle weniger besitzen, aber mehr nutzen.

Für Anbieter wird es entscheidend sein, den Zugangsweg zur Verfügung zu stellen.

Für Kunden wird es wesentlich sein, Zugriff zu haben auf Informationen, Verbindungen und Kontakte.

Besitzlos, bisher eher ein Schimpfwort, wird zu einem Erfolgskriterium, weil es höchste Wandlungsfähigkeit möglich macht.

Beziehungen zu Kunden und Partnern werden eine noch größere Rolle spielen.

Wer über Partnersysteme und Beziehungsnetze verfügt, kann den Zugang vermitteln und wird entscheidend davon profitieren.

Unternehmen müssen ihre gesamte Geschäftsstrategie infrage stellen. Es gilt, dauerhafte Geschäftsbeziehungen in den Mittelpunkt zu rücken.

Firmenbesitz wird bald kein Aktivposten mehr sein, falls es Immobilien, Anlagen und Maschinen sind.

Benutzen statt besitzen!

Zweite Erkenntnis:
Marktwirtschaft wird Netzwirtschaft

In den Tagen nach dem Abendessen mit Yvonne kam Claus kaum zum Nachdenken und erst recht nicht dazu, irgendwelche Schlüsse daraus zu ziehen und Strategien zu formulieren. Jetzt galt es erst einmal, die finanzielle Situation zu entschärfen, sonst nützten ihm die schönsten Zukunftspläne nichts. Claus nahm sich die Liste der säumigen Kunden vor und griff zum Telefon.

Er beschloss, mit Erik Heller, dem Chef von CarTec, anzufangen, einem der wichtigsten Großkunden. Er war ein aussichtsreicher Kandidat: Claus kannte Heller persönlich – einen kompetenten, wenn auch etwas chaotischen Manager –, und obwohl sie noch nicht zum »Du« vorgedrungen waren, würde es wohl nicht mehr lange dauern. Natürlich unter der Voraussetzung, dass Hellers Firma CarTec ihre aufgelaufenen Außenstände zahlte, die 40 000 Euro erreicht hatten. Wenn sie das eintreiben konnten, war das ein guter Anfang.

»Ich grüße Sie, Herr Heller«, legte Claus los, als er den CarTec-Chef am Apparat hatte. »Was gibt's Neues bei Ihnen?«

»Wir arbeiten mit Hochdruck an den Teilen für die neue

Serie von Ford«, berichtete Heller. Sie sprachen eine Weile über das neue Modell und die Branche der Automobilzulieferer, wo der Wind stetig rauer wurde. »Es ist auch schon deutlich zu merken, dass der Konjunktur die Puste ausgeht«, berichtete der CarTec-Chef. »Wir bekommen mehr Druck, einige Aufträge sind schon storniert worden, und das Auftragsvolumen ist zurückgegangen. Bei Ihnen wird's wohl ähnlich aussehen, oder?«

Claus seufzte. »Allerdings. Um unsere Liquidität zu verbessern, versuchen wir zurzeit Außenstände abzubauen. Auch Sie haben übrigens noch eine ganz ordentliche Rechnung bei uns offen... 40 000 Euro sind es inzwischen... dürfte ich Sie bitten, das baldmöglichst zu begleichen?«

»Natürlich, ich werde mich gleich darum kümmern...«

Stück für Stück arbeitete Claus seine Liste ab. Am Nachmittag hatte er ein Drittel der Kunden erreicht, viele hatten versprochen, so bald wie möglich zu zahlen.

Es klopfte. Herein kam sein Produktionschef, Stefan Herbst. »Morgen, Herr Berning«, sagte er. »Schönen Urlaub gehabt?«

Claus stutzte. Ach ja, er war ja auf Mallorca gewesen. »So richtig erholsam war es diesmal leider nicht. Wetter, Boot und Weltlage haben leider nicht mitgespielt.«

»Da steckt man nicht drin. Wollte nur kurz fragen, ob das in Ordnung geht mit den neuen Maschinen? Haben Sie die Bestellung schon erteilt?«

Die Sache mit den Maschinen hatte Claus fast vergessen. Sie war verdrängt worden vom hektischen Krisenmanagement der letzten Tage. O je, und jetzt musste er Herbst beibringen, dass neue Maschinen im Moment nicht drin waren und dass es eher darum ging, irgendwoher Geld aufzutreiben. Das würde nicht angenehm werden.

»Es tut mir leid«, sagte Claus. »Ich fürchte, so schnell wird es damit nicht gehen. Wir haben gerade ziemlichen Ärger mit den Banken, das Kreditlimit ist überzogen. Wenn ich jetzt Maschinen ordere, gehen die an die Decke.«

Herbsts Gesicht zeigte deutlich seine Skepsis. Claus konnte es ihm nicht verdenken. Für Stefan Herbst war und blieb er der Juniorchef, der Neue – wahrscheinlich, bis Claus längst selbst alt und grau war. Und einen guten Eindruck machte es natürlich nicht, wenn Claus in der einen Woche vor Optimismus strahlte und in der nächsten Katastrophenstimmung verbreitete.

»Aber was ist mit den Ordern für die B5-Teile?«, kam Herbst auf sein Problem zurück. »Wir können die Dinger im Moment nicht produzieren. Hilft nix, die neuen Maschinen müssen her.«

In diesem Moment kam die Erinnerung an den Abend mit Yvonne zurück. Nutzen, nicht besitzen!, hallte das Echo in Claus' Kopf wider. Eigentum war in der neuen Wirtschaft Ballast. »Ich glaube, es ist der falsche Weg, jetzt neue Maschinen anzuschaffen«, sagte Claus mehr zu sich selbst als zu seinem Produktionschef, »vielleicht überhaupt, über eine eigene Produktion zu verfügen. Wenn wir diese verdammten B5-Teile nicht produzieren können, dann kaufen wir sie eben von außen ein. Wir müssen nicht mehr für jedes Teil, das unsere Kunden benötigen, die entsprechenden Maschinen einkaufen. Sie wissen genau, dass die Kunden in einem halben Jahr mit neuen Anforderungen kommen werden und dass wir wieder unsere Produktion umstellen müssten. Es wäre sehr viel vorteilhafter für uns, wenn wir selbst eine größere Baugruppe übernehmen und die Teile dafür extern einkaufen würden. Das kann für uns die Zukunft sein. Wir produzieren keine Einzelteile mehr, sondern ein gesamtes System. Beispielsweise die komplette Bremse. Ja, ich glaube, das ist der richtige Weg.«

Die Stille auf der anderen Seite des Schreibtischs machte ihm klar, dass Herbst das vermutlich nicht ganz so sah. Er blickte auf und sah, dass Herbst rot angelaufen war. »Herr Berning, das…«, begann Herbst, unterbrach sich, suchte nach Worten. »Ich kann nur hoffen, dass das nicht ihr Ernst ist. Wenn irgendetwas diese Firma groß gemacht hat, sind es die Produktion und die erstklassige Qualität, die wir herstellen!«

»Darauf können wir auch stolz sein«, beschwichtigte Claus. »Aber wir leben im 21. Jahrhundert. Wir können nicht einfach so weitermachen wie bisher, wie seit 125 Jahren.«

»Wir sind immer sehr gut damit gefahren«, beharrte Herbst. »Entschuldigen Sie mich, ich muss zurück in die Werkstätten. Dort werde ich gebraucht. Denn im Moment leben wir noch von unserer Produktion, Herr Berning!«

Claus kam nicht dazu, zu antworten. Mit einem unguten Gefühl starrte er auf die Tür, die Herbst nicht gerade zartfühlend hinter sich geschlossen hatte.

Vielleicht war es wirklich besser, einfach weiterzumachen wie bisher. Eine Zeit lang würde es gut gehen. Aber der Schock mit der Bank, das Gespräch mit Yvonne… Es wäre eine Selbsttäuschung, wenn er einfach wieder zur Tagesordnung überginge, sobald die Krise überstanden war. Wenn er nicht geradewegs in die nächste Krise steuern wollte, musste er ein paar Dinge grundlegend verändern. Yvonne, wer auch immer sie war, hatte leider den Finger in die Wunde gelegt. Vielleicht war er mit seinen Expansionsplänen ins Ausland schon auf dem richtigen Weg.

Claus war davon überzeugt, dass ein Unternehmen global agieren musste, um erfolgreich zu sein. Er war gespannt, was Yvonne dazu sagen würde, er musste daran denken, sie bei einem der nächsten Treffen zu fragen. Doch es war nicht ganz leicht, diese Expansion zu finanzieren. Schon seit Wochen war Claus in engem Kontakt mit einem Investor in den USA, der das Geschäft der Berning GmbH in den Vereinigten Staaten fördern könnte. Doch die Verhandlung zogen sich hin, ein Ergebnis war noch nicht in Sicht. Morgen stand mal wieder ein Termin an, das Flugticket nach Atlanta hatte Frau Talbach schon geordert. Zufälligerweise war sein alter Freund Hans »Jack« Albrecht zur gleichen Zeit ebenfalls in Atlanta, und sie hatten sich schon zu einem Kneipenabend verabredet.

An diesem Nachmittag verließ Claus die Firma früher. Er wollte in Ruhe zu Hause am Businessplan arbeiten. Christiane war nicht da. Claus las den Zettel, den sie auf der Flurkommode hinterlassen hatte: *Bin auf einer Vernissage, komme erst spät zurück. Kuss, C.* Marc hatte sich mit einem Freund und einem neuen Computerspiel in seinem Zimmer verschanzt.

Claus hatte gerade den Computer eingeschaltet, als das Telefon klingelte. Er hatte keine Lust abzunehmen. Aber dann siegte das Pflichtgefühl. Zu seiner Erleichterung war es niemand aus seiner Firma, sondern die fröhliche Stimme der

Seelenmalerin drang ihm entgegen. »Hallo, Herr Berning! Alles klar bei Ihnen?«

»Na ja«, sagte Claus. »In der Firma ist Ihre Erkenntnis nicht so gut aufgenommen worden, mein Produktionsleiter hat beinahe einen Anfall bekommen deswegen.«

Yvonne lachte. »Ich fürchte, Sie werden noch mehr harte Nüsse zu knacken haben. Aber die zweite Erkenntnis ist leichter umzusetzen. Wie sieht's aus, haben Sie Lust, in Düsseldorf auf die Kirmes zu gehen?«

»Auf die Kirmes? Hm, okay, wie wäre es mit nächster Woche Donnerstag…«

»Nein, nein, *heute* natürlich! Das ist einfach der perfekte Ort, um Ihnen die zweite Erkenntnis zu vermitteln. Außerdem bin ich die nächsten zwei Wochen in Frankreich. Jetzt oder nie ist die Devise.«

Die Explosionsgeräusche in Marcs Zimmer hatten aufgehört. Claus wusste, dass sein Sohn jedem Wort lauschte. Und plötzlich hatte Claus Lust, ihm eine Freude zu machen. Das hatte er schon so lange nicht mehr getan. »Okay«, sagte er. »Ich werde Marc mitnehmen.«

»Das wollte ich Ihnen auch vorschlagen«, sagte Yvonne. »In einer Stunde am Kirmeseingang?«

Als Claus die bunten Lichter der Kirmes sah, das Kreischen aus der Richtung der Achterbahn hörte und ihm der Duft der gebrannten Mandeln in die Nase stieg, spürte er, wie seine Lebensgeister zurückkehrten. Begeistert hüpfte Marc, der sich schnell von seinem Freund verabschiedet hatte, nachdem ihm sein Vater einen Kirmesbesuch vorgeschlagen hatte, neben ihm auf und ab. »He, cool, darf ich in die Geisterbahn?«

Claus versicherte ihm, dass er das natürlich dürfe, und sah in diesem Moment schon Yvonne winken – sie hatte sich am Eingang neben einem der Süßigkeitenstände postiert und knabberte an mit Schokolade überzogenen Früchten.

»Okay, und was kann man nun von einer Kirmes lernen?«, begrüßte Claus sie lächelnd.

»Sie werden staunen«, lächelte Yvonne zurück. »Aber diesmal gilt die Devise: Erst der Spaß, dann die Arbeit. Versuchen Sie mal, diesen ganzen Rummel mit anderen Augen zu sehen. Vielleicht kommen Sie von selbst drauf, worauf ich hinauswill.«

Die Kirmes entpuppte sich als Riesenspaß für alle. Sie fuhren zusammen Geisterbahn und kauften Zuckerwatte. Claus schaffte es, mit dem Luftgewehr eine Plastikrose zu schießen und überreichte sie Yvonne mit einer galanten Verbeugung. Schließlich zerrte Marc sie beide zur Achterbahn und jauchzte vor Vergnügen, als sie mit dem kleinen Wagen in die Tiefe schossen und ratternd in einen Looping gingen.

Als sie später gemeinsam in Yvonnes Hotel an der Bar saßen – Marc lümmelte sich mit einer Cola und seinem Gameboy in einem der Sessel in der Lobby –, fragte Yvonne noch einmal nach, was Claus gesehen hatte.

»Na ja, es war schon toll, hat Spaß gemacht, aber aufgefallen ist mir nichts. Es war eben eine Kirmes, wie ich sie seit meiner Kindheit kenne«, resümierte Claus.

Yvonne schüttelte den Kopf. »Was Sie gesehen haben, ist ein äußerst erfolgreiches Unternehmen – Business pur. Für zehn Tage kommen aus allen Himmelsrichtungen unterschiedliche Akteure zusammen, die zehn Tage perfekt miteinander agieren. Sie bieten ein so interessantes Erlebnis, dass in dieser Zeit Zigtausende wiederum aus allen Richtungen anreisen, um das Angebot zu nutzen. Nach zehn Tagen ist alles wieder vorbei. Jeder geht entweder dorthin, wo er hergekommen ist, oder zieht zum nächsten Fest weiter.«

»Lohnt sich das denn überhaupt finanziell? Ich habe keine Ahnung, was so ein Fahrgeschäft am Tag einnimmt.«

»Und ob es sich lohnt. In zehn Tagen erzielt das Unternehmen Kirmes einen Gewinn, von dem die meisten Unternehmen im ganzen Jahr träumen.«

»Beeindruckend!«

»Jetzt mal im Ernst: Das sind Vorbilder für neue Geschäftsmodelle der Zukunft.«

»Ich glaube, Sie haben Recht«, sagte Claus nachdenklich. »Kann man Hollywood auch dazu zählen? Dort produzieren sie Filme ganz ähnlich. Die Leute arbeiten für kurze Zeit konzentriert zusammen, und nachdem die letzte Klappe gefallen ist, ziehen sie weiter zum nächsten Filmprojekt.«

Yvonne lachte. »Gutes Beispiel. Ich glaube, Sie sind reif für die zweite Erkenntnis. Sie lautet: Marktwirtschaft wird Netzwirtschaft. Netzwerke werden in Zukunft über den Erfolg eines Unternehmens entscheiden. Leider wird diese Erkenntnis oft missachtet, und damit sind wir beim nächsten Managementfehler.«

 **Die Zukunftsfirma ist ein Netzwerkunternehmen.**

Claus merkte, wie er neugierig wurde. »Ein schwerwiegender Fehler?«

»Jedenfalls hat er immense Auswirkungen. Klassische Manager wollen alles beherrschen und werden panisch, wenn etwas nicht so läuft, wie sie es geplant haben. Sie sind völlig in ein lineares Denkmuster verstrickt. Doch eine solche Kontrolle ist in Netzwerken einfach nicht möglich.«

»Lineares Denkmuster? Was kann man sich darunter vorstellen?«

Yvonne ließ sich vom Barmann eine Papierserviette geben, nestelte einen Stift heraus und malte eine einfache Linie, die von rechts nach links verlief, auf die Serviette. Claus sah, dass der Barmann sie aus den Augenwinkeln beobachtete. »So, dieser Strich ist die Zeitachse«, sagte Yvonne. »Über die ganze Länge dieser Achse versuchen die meisten Manager ihr Geschäft zu beherrschen. Sie gehen von kausalen Grundlagen aus. Danach gibt es *eine* Ursache und *eine* Wirkung.« Sie verzog das Gesicht. »So funktionieren vielleicht Maschinen. Aber nicht Unternehmen. Man bekommt den falschen Eindruck, dass alles plan- und steuerbar ist.«

Skeptisch blickte Claus auf die Zeichnung. »Aber wir brauchen doch Planung und Steuerung. Und ohne Controlling kann ich mir ein Unternehmen auch nicht vorstellen.«

»Ich habe auch nicht gesagt, dass das alles abgeschafft werden soll. Es ist nur eine andere Art Planung, die in der Dynamik, in der wir heute leben, entscheidend sein wird.«

> **Heute brauchen wir eine neue Form der Planung und Kontrolle.**

Abwesend bestellte Claus sich einen Cabernet Sauvignon. Eine völlig andere Art der Planung?! Es sah so aus, als würde sein bisheriges Weltbild auch aus diesem Abend mit Yvonne ziemlich ramponiert hervorgehen. »Was ist so schlecht an den alten Systemen?«

»Wie ich schon gesagt habe, das Problem ist, dass sich viele Manager zu sehr auf solche Systeme verlassen. Nach dem Motto: Es müssen nur die richtigen Systeme und Planungsmethoden entwickelt werden, und schon ist man zu jedem Zeitpunkt Herr der Dinge. Das lineare Denk- und Handlungssystem basiert auf Überschaubarkeit, Vorsehbarkeit, Planung, Steuerung und Kontrolle. Alle haben in einem solchen System zu funktionieren, Abweichungen sind unerwünscht, weil dann auf einmal unüberschaubare Dinge passieren.«

»Hm, das kommt mir bekannt vor. Aber ich kann nicht glauben, dass die Grundlagen unserer Arbeit all diese Jahre falsch waren!«

»Davon kann keine Rede sein«, beruhigte ihn Yvonne. »Das Problem ist eben nur, dass ein lineares System nur in einer wenig dynamischen Umgebung halbwegs funktioniert. Heute ist es zu starr und unflexibel, weil sich die Rahmenbedingungen geändert haben. Vor einigen Jahren gab es keinen globalen Wettbewerb, kein Internet und keinen Wettbewerb um das Human Capital.«

»Ich hoffe, Sie haben wenigstens eine Alternative parat«, seufzte Claus. »Wie sollen wir jetzt planen und agieren?«

Yvonne zeichnete wieder: Sie setzte den Stift an einem Punkt an und zog die Linie spiralförmig nach außen. »Sie haben es am Beispiel der Kirmes bereits gesehen. Jeder ist Bestandteil dieses vernetzten Systems, das für zehn Tage das gleiche Ziel hat. Kurz, in Zukunft hängt der Erfolg eines

Unternehmens davon ab, ob es gelingen wird, möglichst viele synergetische Kooperationen, Beteiligungen und Partnerschaften einzugehen. Outsourcing ist eines der entscheidenden Stichworte dafür. Täusche ich mich, oder ist Ihr Anzug von Armani?«

»Äh, ja«, sagte Claus. »Und?«

Yvonne lächelte strahlend. »Wieder mal ein gutes Beispiel. Überlegen Sie doch mal, wie viele Unternehmen weltweit im eigentlichen Sinne nichts mehr selbst produzieren, sondern nur noch produzieren lassen. Schauen Sie sich die großen Modemarken von Armani über Joop! bis Lagerfeld einmal genauer an. Sie *lassen* produzieren. Sie arbeiten mit ihrer Marke, die stark genug ist, eine ganze Produktpalette abzudecken. Die Folge: Man kann sich buchstäblich von Kopf bis Fuß, von den Socken bis zur Sonnenbrille, mit dieser Marke einkleiden. Nicht zu vergessen ist das passende Parfum. Auch immer mehr Computerhersteller werden zu virtuellen Unternehmen – sie alle lassen ihre PCs in ein und derselben Fabrik produzieren, sodass dort innerhalb kürzester Zeit die Produkte von vier oder fünf verschiedenen Herstellern vom Band laufen, viele davon nach Kundenwunsch zusammengestellte Systeme.«

»Vermutlich lassen sie weltweit produzieren, nach den Mustern, die die Markenunternehmen entwickelt haben, oder?« Claus hatte seinen Wein noch nicht angerührt.

»Genau. Qualität und Preis werden den Ausschlag dafür geben, für eine begrenzte Zeit die Zusage einer Produktion zu erhalten. Der Vorteil für den Auftraggeber: Er ist nicht gebunden und kann, falls er will, bei der nächsten Produktion neue Partner aktivieren. Verstehen Sie? Man spezialisiert sich auf sein ureigenes Know-how und vergibt alles andere nach draußen, an seine Netzwerkpartner.«

Claus stöhnte. »Wissen Sie eigentlich, was Sie mir antun? Wenn ich das auf mein Unternehmen übertrage … das geht ja noch weiter als das Benutzen statt Besitzen, das Sie mir das letzte Mal mitgegeben haben …«

> **Der Erfolg der Zukunftsfirma bestimmt sich nach der Qualität ihrer strategischen Partnerschaften.**

Jemand zupfte an seinem Ärmel. Es war Marc. »Kann ich noch eine Cola haben?«, fragte er.

»Ja, bestell dir eine«, sagte Claus. Sein Gewissen zwickte ihn, weil er Marc so lange allein im Hotel spielen ließ und sich nicht um ihn kümmerte. Aber er konnte sich jetzt nicht mit ihm beschäftigen, all seine Gedanken konzentrierten sich auf die beunruhigenden Ideen, die Yvonne ihm zuspielte.

»Durchdenken Sie es einfach mal«, schlug Yvonne vor. »Wie könnte das bei Ihnen in der Praxis aussehen?«

»Hm, sagen wir mal … Fabriken und Anlagen gehören uns gar nicht mehr, unsere Vertriebsleute sind möglicherweise selbstständig und nicht mehr unsere Mitarbeiter, allerdings exklusiv an uns gebunden. Den IT-Bereich und die Buchhaltung haben wir vielleicht auch noch outgesourct …«

»Das mag Ihnen vielleicht weh tun«, sagte Yvonne, »aber jetzt sind Sie genau auf dem richtigen Weg, sich die Frage zu stellen: Was müssen wir wirklich noch selbst im Haus haben, und was können wir mit Outsourcing besser lösen?«

»Aber wie weit soll das denn gehen? Wo sind denn die

Grenzen des Delegierens? Ich sehe eine große Gefahr darin, dass wir vielleicht zu viel extern vergeben und dann in die Abhängigkeit von Lieferanten oder Partnern geraten.«

»Das ist eine berechtigte Angst«, sagte Yvonne, zog eine Zigarette heraus und zündete sie mir ihrem goldenen Feuerzeug an. »Manche Firmen haben tatsächlich zu viel ausgelagert und dafür ein hohes Lehrgeld bezahlt. Der einfachste und beste Satz, den ich je gehört habe, lautet: ›Kopf drin, Hände draußen.‹«

▶ **In der Zukunftsfirma gilt: »Kopf drin, Hände draußen.«**

»Behalten Sie das überlebenswichtige Know-how bei sich, und lassen Sie anfallende Aufgaben von Spezialisten lösen, die es oft viel besser können.«

»Klingt vernünftig.«

Yvonne kritzelte wieder, diesmal eine Reihe von wabenartigen geometrischen Strukturen. Mit der sicheren Hand der Malerin schraffierte und skizzierte sie, bis Claus die Formen erkannte. »Zellen?«

»Genau. Unternehmen, die in Zukunft erfolgreich sein wollen, müssen eine Organisationsstruktur haben, die dem Zellteilungsprinzip entspricht. Sie darf durch nichts begrenzt werden. Da man in der Regel mit eigenen Ressourcen nicht schnell genug wachsen kann, muss man möglichst viele Kooperationen schaffen und mit ihrer Hilfe wachsen.«

Claus runzelte die Stirn. »Das wird einigen Leuten überhaupt nicht passen. Auf einmal verlieren sie Fabriken, Budgets, Mitarbeiter. Und damit Macht. Ich bin mir nicht sicher, ob es mir selbst ganz leicht fallen wird.«

»Ich bin mal gespannt, ob Sie der zweiten Erkenntnis folgen werden«, sagte Yvonne und blies eine Rauchwolke in Richtung Bar. »Haben Sie schon entschieden, ob und wie Sie Ihre Produktion loswerden?«

»So schnell geht das nicht. Aber ich habe darüber nachgedacht.«

»Wenn Sie es tun, Claus, dann ist mein Tipp: Setzen Sie auf Lizenzverträge und Partnerschaftsverträge, die weltweit ausgerichtet sind. Agieren Sie vernetzt – je isolierter ein Unternehmen ist, desto höher die Risiken. Und behalten Sie die Möglichkeiten, Produktion und Einkauf übers Internet zu steuern, genau im Auge. Da wird sich einiges tun in den nächsten Jahren.«

»Im Moment spielt das Internet bei uns eine eher untergeordnete Rolle.«

»Das sollten Sie ändern«, sagte Yvonne ernst. »Es wird beim Aufbau von Netzwerken eine Schlüsselfunktion haben.«

»Ehrlich gesagt«, antwortete Claus, »war ich fast geneigt, das Thema Internet nach dem Niedergang der New Economy links liegen zu lassen.«

»Tun Sie das besser nicht. In fünf Jahren wird das Geschäft im Internet stattfinden, ob mit Ihnen oder ohne Sie. Es wird einen gigantischen Boom an interaktiven Kommunikationswegen geben. Bald geht es nicht mehr um das Internet, sondern darum, die Information, die der Kunde braucht, zu dem Ort zu bringen, wo er sich gerade befindet – per SMS, E-Mail, Handy. Sie können sich ja denken, was das für Auswirkungen auf die vernetzte Wirtschaft haben wird.«

> **In fünf Jahren wird das Geschäft im Internet stattfinden – mit Ihnen oder ohne Sie.**

»Allerdings«, sagte Claus. »Neue Vertriebswege und ein gigantischer Markt. Ich bin gespannt, ob wir ihn mit der Berning GmbH anzapfen können. Im Moment weiß ich noch nicht so recht, wir arbeiten ja wenig für Endverbraucher.«

»Sie unterschätzen das immer noch. Die Macht von Netzen, die über Ländergrenzen hinwegreichen, wird viel größer sein als die Macht von Firmen und Konzernen.«

»Da haben wir den nächsten Machtschock«, meinte Claus. »Die Konzerne werden mit Sicherheit ihre Macht nicht aufgeben wollen.«

»Sie haben sicher Recht, aber diejenigen, die auf den alten Machtprinzipien basieren, werden verlieren«, betonte Yvonne.

Claus blickte kurz auf die Uhr und erschrak. Zehn Uhr vorbei. Es war längst Zeit für Marc, schlafen zu gehen – und er selbst musste morgen früh aufstehen, um seinen Flug in die USA zu schaffen. Christiane würde wütend sein, wenn sie heimkam und sie beide noch weg waren. Wahrscheinlich würde sie sich bald übers Handy melden. Wo war Marc eigentlich? Claus schaute sich um, aber er entdeckte ihn nicht.

Doch Yvonne ließ sich nicht davon irritieren, dass Claus ihr nicht mehr ganz so aufmerksam zuhörte wie zuvor. Sie war offensichtlich bei ihrem Lieblingsthema angelangt und hatte sich in Begeisterung geredet. »Diesmal ist einer der Motoren dieser Entwicklung das Internet. Wo werden die

Steuern gezahlt, wenn der Server irgendwo auf dieser Welt stehen kann? Wenn wir jetzt schon nicht mehr wissen, wo das Call Center der Firma steht, was wird dann mit den netzwerkbasierten Firmen passieren? Sicher werden die meisten reinen dot.com-Firmen nicht überlebensfähig sein. Aber der Vorteil des Internets ist, dass man ein geniales Konzept schnell umsetzen...«

»Entschuldigen Sie mich, Yvonne«, sagte Claus und stand auf. »Ich muss schauen, wo mein Sohn geblieben ist. Bin gleich wieder da.«

Claus lief durch die Lobby und den Frühstücksraum. Am Hotelpool fand er Marc schließlich. »He, was machst du denn hier?«, fragte Claus.

»Schau mal, die haben einen eigenen Pool! Echt stark...«

»Wir hätten eine Badehose für dich mitnehmen sollen. Bist du schon müde? Sollen wir heimfahren?«

»Nee. Aber ist ein bisschen öde hier. Redet ihr noch lange?«

»Gib uns noch eine halbe Stunde, okay?«

Claus kehrte an die Bar zurück und ließ sich mit einem Seufzer wieder auf den Hocker neben Yvonne fallen. Er trank einen Schluck Wein. »Eine halbe Stunde noch, dann müssen wir uns auf den Rückweg machen. Haben Sie noch ein paar gute Tipps parat, was man in Netzwerken beachten muss?«

»Allerdings«, lächelte Yvonne. »Okay, nehmen wir mal an, Sie haben alles umgesetzt, was ich Ihnen schon gesagt habe, und ein Unternehmen für das neue Zeitalter geschaffen, die Zukunftsfirma also. Aber das alles würde Ihnen gar nichts nützen, wenn der Faktor Mensch – sprich der

Kunde – außen vor bliebe. Er muss Teil des Netzwerks sein und entscheidet letztlich über Erfolg und Misserfolg.«

➤ **Der Kunde ist Teil des Netzwerks und entscheidet über Erfolg und Misserfolg.**

»Ich kann mir schon vorstellen, dass manche Manager das vergessen, während sie ihre Struktur immer weiter perfektionieren!«

»Ganz wichtig ist, aus Kunden Partner zu machen und mit ihnen Beziehungsnetzwerke aufzubauen. In Zukunft zählt nämlich die Qualität der Beziehung zum einzelnen Kunden«, erklärte Yvonne.

➤ **In der Zukunftsfirma sind Kunden Partner.**

»Ihr Ziel sollte also sein, einen möglichst hohen Beziehungsindex aufzubauen, damit Sie Kunden zu lebenslangen Kunden und Partnern machen können.«

»Beziehungsindex? Das klingt nicht gerade einfach.«

»Ist es auch nicht. Dafür müssen Sie Ihren Kunden und Partnern etwas bieten. Sie wollen überrascht werden, sie wollen begeistert und fasziniert werden. So wie die Menschen, die mit glänzenden Augen von der Kirmes zurückkommen.«

»Ich glaube, das haben wir etwas vernachlässigt in letzter Zeit«, gab Claus zu. »Wir haben uns eben stark auf die Qualität unserer Produkte konzentriert.«

»Machen Sie sich keine Vorwürfe. Die meisten Unternehmen handeln so. Aber in Zukunft sollte Ihr Ziel sein, Ihre

Kundennetzwerke permanent spannend zu halten. Netzwerke entwickeln sich ja aus sich selbst heraus weiter – sieht man ja an der Skizze«, sagte Yvonne und glättete die Zeichnung mit der Spirale mit der Handfläche. »Das Gleiche gilt auch für Kunden. Also lautet die Wachstumsformel: Kunden werden zu den besten Verkäufern des Unternehmens und erweitern dadurch das Netzwerk permanent. Richtig zu Ende gedacht würde das bedeuten, dass es gar keine Verkäufer mehr gibt, sondern nur noch Beziehungsbroker, die im Sinne ihrer Kunden und Partner agieren.«

»Sie verlangen von einem Zukunftsunternehmen ja eine ganze Menge«, sagte Claus und holte tief Luft. »Und wie können wir die Kunden begeistern, damit sie sich zu Partnern in unseren Netzwerken entwickeln?«

> **Wie spannend ist Ihr Unternehmen für Kunden?**

»Hm, das wird jetzt simpel klingen. Aber wann haben Sie zum letzten Mal ohne bestimmte Absicht mit einem Kunden zusammengesessen? Nicht um ein neues Produkt vorzustellen, sondern um etwas über dessen Probleme, Träume und Motive zu erfahren. Nehmen Sie sich die Zeit und stellen Sie diese Fragen. Dann kommen die Lösungen fast von selbst.«

»Diese Zukunftsfirma, von der Sie sprechen«, warf Claus nachdenklich ein, »muss offensichtlich nach einem ausgeklügelten System arbeiten. Ich frage mich, ob das nicht viel zu kompliziert ist. Lassen Sie mich mal zusammenfassen, soweit ich Sie verstanden habe. Das Unternehmen muss Trends vor anderen erkennen und umsetzen, permanent in engem Kontakt mit dem Kunden herausfühlen, wovon er wirklich träumt. Zweitens braucht dieses Unternehmen ein perfektes Vermarktungskonzept, das begeistert und verblüfft und das Internet als Beziehungsplattform nutzt, sodass der Kunde aktiv und insbesondere interaktiv über das Web eingebunden ist, ja zum Bestandteil der eigenen Community geworden ist. Bisher so korrekt?«

> **In Firmen mit hohem Beziehungsindex werden Kunden zu Verkäufern.**

Yvonne nickte lächelnd. »Ja, machen Sie nur weiter.«

»Drittens ist die Produktionsform so flexibel, dass auf jede Veränderung in kürzester Zeit reagiert werden kann und Produktionskapazitäten nicht zur Blockade werden. Da gibt es einiges zu tun, Yvonne.« Claus seufzte. »Wie soll ich das alles nur meinen Managern beibringen?«

»Ich fürchte, da kann ich Ihnen auch nicht weiterhelfen. Es wird schwer sein, ihnen klar zu machen, dass das, was sie in den letzten dreißig, vierzig Jahren getan haben, in Zukunft nicht mehr das ist, was wirklich Wert schafft. Sie setzen Ihre Manager damit einem ziemlichen Machtschock aus. Es ist das Ende des Managements, wie wir es kennen.«

»Na, das kann ja lustig werden«, sagte Claus und winkte der Bedienung, um zu zahlen.

Bevor er an diesem Abend ins Bett ging, öffnete er noch einmal die Datei »Businessplan«. Lächelnd löschte er die zehn weiteren Gliederungspunkte und setzte unter die erste Erkenntnis die zweite.

Claus' Erkenntnis-Tagebuch: Bisher fand ich ein Unternehmen, das alles unter einem Dach zusammenfügt, erstrebenswert. Das ist jetzt ein falsches Ideal. Wir sind im Zeitalter der Netzwerkwirtschaft angekommen. Die virtuelle Firma, die sich tatsächlich auf das beschränkt, was sie konkurrenzlos am besten kann, und alles andere per Outsourcing regelt, wird zu den Gewinnern gehören. Netzwerkbasierte Geschäftsmodelle ermöglichen, alle Vorteile der neuen Wirtschaft zu nutzen.

Schnell, anpassungsfähig und global wird agiert, ohne eigene Ressourcen aufzuzehren. »Kopf drin, Hände draußen« gefällt mir sehr gut, denn wir werden in Zukunft von unserem Know-how und unserer Vermarktungsfähigkeit leben. Kooperationen lassen sich auch schneller anpassen und lösen, falls die Kundensituation das erfordert.

Die vernetzte Wirtschaft wird über das Internet und seine Nachfolger einen gewaltigen Schub bekommen. Dabei wird es nicht mehr um das Internet gehen, sondern darum, die Information dort hinzubringen, wo der Kunde sich gerade befindet. Kunden sind Teil des wesentlichen Beziehungsnetzwerks, das darf man nie vergessen.

Für eine zukünftige Elite wird die Kunst der Vernetzung eine entscheidende Rolle spielen. Die elektronische ebenso wie die partnerschaftliche. Das Vorbild der lebenden Zellen leuchtet mir ein. Auch die Natur ist ein vernetztes System und schafft so ein dauerhaftes Wachstum.

Marktwirtschaft wird Netzwirtschaft.

Als sich Claus früh am nächsten Morgen auf den Weg zum Flughafen machte, schliefen seine Frau und sein Sohn noch. Leise schloss Claus die Tür hinter sich. Die Luft war kühl, und die Vögel sangen aus voller Kehle. Während Claus, den

Mantel über dem Arm, auf das Taxi wartete, dachte er an seine Enduro in der Garage. Vielleicht fand er am nächsten Wochenende mal wieder Zeit, sie zu fahren. Oder sollte er sie auch verkaufen? Nein, so weit war er noch nicht.

In Atlanta begrüßte ihn strahlender Sonnenschein. Claus winkte ein Taxi heran und ließ sich zur Zentrale der First Southern Investors bringen, einem silbrig schimmernden Hochhaus mitten in der City. Der Kontakt mit der FSI war über einen seiner Kunden zustande gekommen, der Claus empfohlen hatte, sich an diese Organisation zu wenden. Bei der FSI war ihm mit freundlichem Interesse begegnet worden, und auch jetzt begrüßte ihn sein Ansprechpartner Ben Rose mit einem freundlichen: »Hello, Mr. Berning! Nice to see you. Come on in…«

Mit Rose, einem seiner Kollegen und einer seiner Mitarbeiterinnen zusammen setzten sie sich an den Besprechungstisch. Claus erläuterte noch einmal seine Expansionspläne, er hatte sich einige neue Argumente dafür überlegt. »Sie hatten mich gebeten, die Marktchancen noch einmal unter der Perspektive der internationalen Konkurrenz zu erläutern – ich habe einmal die neusten Prognosen zusammengestellt…«, erklärte er und ließ über den Beamer ein paar beeindruckende Zahlenkolonnen folgen. Die drei Amerikaner nickten und lächelten. Doch als Claus die Konditionen eines Engagements von FSI ansprechen wollte, unterbrach ihn Rose.

»Ich denke, wir sollten uns über die Frage des Vertriebsnetzes noch genauer Gedanken macht. Davon hängt ab, ob wir uns in diesem Projekt engagieren möchten.«

Langsam wurde Claus ungeduldig. »Ich werde Ihnen

noch ein paar Ideen zukommen lassen. Aber wie sieht es denn aus, wann kann ich mit einer grundsätzlichen Entscheidung rechnen?«

»In zwei Wochen hat unser Vorstand eine wichtige Sitzung«, sagte der zweite Mitarbeiter, Claus war sein Name schon wieder entfallen. »Vorher können wir auf keinen Fall etwas entscheiden.«

Die fahren eine Hinhaltetaktik, sagte sich Claus ärgerlich, als der Aufzug ihn wieder in die Lobby beförderte. Frage mich nur, was sie davon haben. Und wieder ein teurer Trip für nichts und wieder nichts…

Nach ein paar Runden im Hotelpool ließ sich Claus nach Buckhead bringen, dem angesagten Ausgehviertel von Atlanta. Dort hatte er sich mit seinem alten Freund Jack Albrecht in einer Bar verabredet. Der wartete auch schon und kam – über das ganze Gesicht grinsend – auf ihn zu. »He, Berning!«, sagte er, und sie umarmten sich. »Schön, dass es dich mal wieder in die Staaten verschlagen hat!«

»Schön, dich wiederzusehen!«, lachte Claus. Jack hatte sich kaum verändert in dem Jahr, in dem sie sich nicht gesehen hatten. Nur sein Haaransatz war noch weiter zurückgewichen. Jack Albrecht war einen ganzen Kopf kleiner als Claus, aber seine Energie und sein übersprudelnder Humor machten es schwer, ihn zu übersehen. Seinen neuen Vornamen hatte sich sein ehemaliger Studienkollege zugelegt, als er vor fast fünfzehn Jahren in die USA ausgewandert war. Eigentlich hatte er dort nur studieren wollen, doch dann hatte er sich in eine amerikanische Studentin verliebt. Heute konnte er zwei Töchter in der High School, ein Heim in einem der Vororte von Austin in Texas und natürlich einen

Familienhund vorweisen. Außerdem hatte er eine eigene Firma, die sich wie die Berning GmbH auf die Produktion von Maschinenteilen verlegt hatte. Dank Jacks Ehrgeiz wuchs und florierte sie, obwohl er sie aus dem Nichts gegründet und nicht wie Claus von seinen Eltern geerbt hatte. Was Claus nur fair fand, denn Hans – wie er damals noch hieß – war immer der bessere Student gewesen.

»Wie geht's Marc und Christiane?«, fragte Jack.

»Ganz gut«, sagte Claus zögernd. »Obwohl es in letzter Zeit zwischen mir und Christiane nicht mehr ganz so stimmt. Aber frag mich nicht warum, ich weiß es auch nicht so genau. Sie ist nur manchmal etwas abweisend.«

»Wahrscheinlich gefrustet – das sind viele Frauen in dem Alter«, sagte Jack, bestellte Whisky für sie beide und begann von seiner Frau Trudy zu erzählen. Nachdem sie die Familienneuigkeiten ausgetauscht und gemeinsam über die schlechte Konjunktur geklagt hatten, war wieder ihr gemeinsames Steckenpferd dran: das Motorradfahren. »Ich habe mir dieses Jahr ein neues Maschinchen gekauft, ein echtes Schmuckstück – eine Harley«, erzählte Jack, und seine lebhaften blauen Augen sprühten vor Lebenslust. »Bin schon ganz wild drauf, sie auszuprobieren. Du bist doch diesmal auch wieder dabei, oder?«

»Na klar«, grinste Claus. »Wir müssen noch eine Strecke austüfteln. Wie wär's mit einem Trip nach Nevada diesmal?«

»Und nach dem Zwischenstopp in Vegas flattern uns Dollarscheine aus den Taschen«, witzelte Jack und nahm einen Schluck von seinem Whisky. »Meine Kids werden sofort eine Taschengelderhöhung verlangen.«

Sie beschlossen, ihre jährliche Harley-Tour diesmal im

Spätsommer durchzuziehen. Nachdem dieses wichtige Thema abgehandelt war, kam Claus auf die Idee zu sprechen, die ihm beim letzten Treffen mit Yvonne gekommen war. Wenn er die Berning GmbH zu einem Netzwerk umbauen wollte, dann wäre Jacks Firma Steelsmith natürlich ein hervorragender Partner – weil sie sich schon so lange kannten und sicher gut zusammenarbeiten würden. Außerdem könnten sie Vorteile aus diesem globalen Geschäft ziehen.

»Wow, spannende Idee«, sagte Jack. »Du willst aus deiner Firma also wirklich eine netzwerkbasierte Company machen? Hier in den USA gibt es mittlerweile eine heftige Diskussion um Netzwerke als Bedingung einer zukunftsfähigen Firma. Normalerweise sind sie ja hier den Europäern immer ein ganzes Stück voraus. Ich wette, du gehörst zu den Ersten in Deutschland, die sich mit solchen Konzepten beschäftigen. Interessante Perspektive. Sicher reizvoll mitzumachen. Aber gib mir noch etwas Zeit. Lass mich noch darüber nachdenken.«

»Okay. Aber sag mir so bald wie möglich Bescheid – die Banken wollen, dass ich ihnen innerhalb von drei Monaten einen neuen Businessplan präsentiere, und es wäre natürlich ein tolles Argument, wenn ich sagen könnte, dass du mit im Boot bist.«

»Klar. Wie ist es eigentlich mit diesem Investor gegangen, den du aufgetan hast, wie hieß er noch mal? Haben sie das Geld inzwischen rübergereicht?«

»Nein, die Jungs spielen auf Zeit. Aber das wird schon.«

»Ich drücke dir die Daumen«, sagte Jack. Sie stießen darauf an.

Als Claus am nächsten Morgen seinen Flug zurück erwischte, dröhnte sein Schädel bei jedem lauten Wort wie eine Glocke. Er ließ sich von der Stewardess eine Alka Seltzer geben und lenkte sich ab, indem er sich durch Firmenunterlagen wühlte. Zum Glück war er am nächsten Morgen wieder der Alte. Mit dem üblichen Kuss verabschiedete er sich von Christiane. Pünktlich um Viertel nach sieben stellte er sein Auto auf den Firmenparkplatz, schloss es ab und betrat das Gebäude der Berning GmbH.

Doch von da ab war nichts wie sonst. Die Leute, denen er im Flur begegnete, murmelten ihren Gruß hastig und mit seltsamen Blicken. Ein paar Mal hatte Claus den Eindruck, dass man ihm hinterher schaute. Als er in den Gang einbog, in dem sein Büro lag, stieß er auf drei seiner Mitarbeiter aus der Vertriebsabteilung, die im Flur die Köpfe zusammensteckten und hitzig diskutierten. Als sie Claus herankommen sahen, verstummten sie und gingen ohne ein weiteres Wort auseinander.

Auch Frau Talbach blickte besorgt drein. Als sie ihm am späten Morgen den Kaffe brachte, rückte sie schließlich mit der Sprache heraus. »Ähm, Herr Berning? Kann ich Sie mal was fragen?«

»Aber klar doch«, sagte Claus, überrascht davon, dass seine Assistentin so herumdruckste.

»Es gehen ein paar seltsame Gerüchte um in der Firma… ich weiß gar nicht, wie die Leute darauf kommen…, aber vielleicht haben sie ja doch einen wahren Kern, man weiß ja nie… angeblich wollen Sie unsere Produktion herunterfahren oder ganz abschaffen. Das stimmt doch sicher nicht?«

Nun konnte sich Claus einen Reim darauf machen, was in seiner Firma nicht stimmte. Es hatte sich natürlich blitzschnell herumgesprochen, was er Stefan Herbst gegenüber erwähnt hatte. Verdammt! Er hätte es gerne auf seine eigene Art kommuniziert, aber nun war es zu spät. Claus verfluchte seine Unvorsichtigkeit. Jetzt war er in der Zwickmühle – dementieren konnte er die Gerüchte nicht, das konnte ihn später die Glaubwürdigkeit kosten, wenn sich die Firma tatsächlich ihrer Maschinen entledigen sollte. Aber sie jetzt zu bestätigen war auch nicht gerade günstig.

»Ich habe daran gedacht, das stimmt«, gab Claus zu. »Ein Unternehmensberater hat mich darauf aufmerksam gemacht, dass die Berning GmbH in der jetzigen Form nicht zukunftsfähig ist, und jetzt versuche ich einfach mal durchzuspielen, ›Was wäre, wenn‹. Verstehen Sie?«

Frau Talbach nickte. »Ach so. Ich glaube, das ist ein bisschen falsch rübergekommen…«

Claus nahm sich vor, gleich nachher einen ausgedehnten Rundgang durch die Maschinenhallen seiner Firma zu machen. Er war durch die finanzielle Krise schon seit fast einer Woche nicht dazu gekommen, und das war nicht gut.

In diesem Moment klingelte das Telefon. Sein Onkel war am Apparat, und seine Stimme klang ernst. »Claus, würdest du bitte sofort in mein Büro kommen?«

»In Ordnung, bin gleich da«, sagte Claus. Kein »lieber Junge« diesmal. Anscheinend hatte sein Onkel mitbekommen, dass mit der Firma etwas nicht in Ordnung war. Na ja, wahrscheinlich würde er ihm wieder ein paar altmodische Tipps geben, Claus würde verständnisvoll nicken und dann wieder an die Arbeit gehen.

Er diktierte noch schnell einen Brief, legte das Band auf

Frau Talbachs Schreibtisch und eilte dann die Haupttreppe hoch ins obere Stockwerk.

Nach einem kurzen Klopfen betrat Claus das Eckbüro – und stutzte. Hinter dem Schreibtisch thronte sein Onkel, wie immer im makellosen dunklen Anzug. Doch in einem der Stühle auf der anderen Seite saß Stefan Herbst und blickte ihm feindselig entgegen. Neben ihm war Frank Ellermann, der 55-jährige Betriebsratschef, der schon als Lehrling zur Berning GmbH gekommen war. Auch er hatte eine düstere Miene aufgesetzt.

Die alte Garde rüstet sich zum Kampf, dachte Claus und spürte, wie das Adrenalin durch seinen Körper schoss.

Dritte Erkenntnis:
Zugangscode für Beziehungen

»Ich fürchte, wir müssen über einiges reden«, sagte sein Onkel ohne Begrüßung.

»Leider geht es der Firma im Moment nicht so gut, wie es sollte«, sagte Claus. »Wir haben Probleme mit der Bank.«

»Das habe ich gehört. Aber darüber will ich jetzt nicht sprechen. Mir geht es um diese verrückten Ideen, die Produktion ins Ausland zu verlagern. Willst du etwa mit den Billigproduzenten in Fernost gemeinsame Sache machen?«

»Davon war keine Rede. Ich fürchte, das hast du falsch verstanden«, sagte Claus. Das war immer so mit Gerüchten: Ein wahrer Kern, und der Rest bis zur Unkenntlichkeit verzerrt. »Aber wenn wir schon beim Thema sind: In der Tat finde ich es nicht sinnvoll, weiter in die Produktion hier zu investieren. Diese ganzen Maschinen sind in der heutigen Zeit einfach ein Klotz am Bein. Wir sollten in Zukunft Aufträge nach außen vergeben, mit Partnern auf der ganzen Welt zusammenarbeiten. Nur so können wir auch in Zukunft flexibel sein.«

Stefan Herbst war sichtlich sprachlos. Nach einer Weile fing er sich wieder. »Das meinen Sie nicht ernst. Flexibel! Das heißt doch nur, dass Sie die Produktion kaputtsparen wollen, bis wir unsere hohen Qualitätsstandards nicht mehr halten können. Natürlich kosten gute Anlagen auch gutes Geld, aber das muss man einfach investieren! Es ist eine Investition in die Zukunft!«

»Eben nicht«, seufzte Claus. Wie sollte er ihnen jetzt, in einer so aufgeladenen Atmosphäre, das vermitteln, was Yvonne ihm in stundenlangen Gesprächen nahe gebracht hatte? Und warum sollte er sich auf ein Meeting einlassen, zu dem er nicht eingeladen hatte und dessen Teilnehmer nicht er bestimmt hatte? Andererseits: Die Zeit war knapp. Irgendwann musste er versuchen, seine Leute einzubinden – und letztlich auch den Betriebsrat. Kurzerhand entschied er, es auf einen Versuch ankommen zu lassen.

Claus begann zu sprechen. Er erklärte das Prinzip des Nutzens, nicht Besitzens, redete von Internetwirtschaft, virtuellen Firmen, dem Zeitalter des Zugangs, der Notwendigkeit, sich ständig zu wandeln und sich den Märkten immer wieder neu anzupassen. Er sprach von Netzwerken und Kooperationen. Und noch während er redete, wusste er, dass es sinnlos war. Die Gesichter um ihn herum sagten deutlich genug, was sie von seinen neumodischen Ideen hielten: Sein Onkel blickte noch immer finster drein, und was sich hinter Frank Ellermanns Fassade abspielte, konnte man nie so genau wissen. Auch wenn er zunächst immer den geduldig aufgeschlossenen Zuhörer mimte. Aber jetzt holte er tief Luft und begann zu sprechen: »Ich kenne Sie, seit Sie ein kleiner Junge waren«, begann Ellermann. Gott, wie Claus diese Sprüche hasste. »Wir haben gut zusammengearbeitet, seit Sie die Firma übernommen haben, weil ich das Gefühl hatte, dass Sie die Leute fair behandeln. Umso bedauerlicher, dass Sie nun beim ersten Zeichen von Schwierigkeiten das alles aufkündigen.«

»Es hat mehr etwas damit zu tun, dass dieses Unternehmen hoffnungslos altmodisch und nicht im Geringsten zukunftsfähig ist«, schoss Claus zurück.

»Denken Sie doch einmal an die vielen Leute, die Sie um Lohn und Brot bringen würden, wenn Sie die Produktion hier schließen würden. Ich spreche für den ganzen Betriebsrat, wenn ich sage, dass wir das nicht akzeptieren werden.«

»Noch ist die ganze Sache ja nur angedacht«, sagte Claus. »Sicher ist nur, dass sich etwas ändern muss. Sonst wird es steil abwärts gehen mit uns.« Und er ertappte sich bei dem Gedanken, dass er das alles vor ein paar Wochen noch völlig anders gesehen hatte.

»Diese falschen Kassandra-Rufe können Sie sich sparen. Die Berning GmbH macht exzellente Umsätze«, sagte Ellermann böse. »Was Sie sagen, bedeutet doch nur, dass Sie die Leute, die schon seit vielen Jahren hervorragende Arbeit für Sie und Ihre Familie leisten, bei nächster Gelegenheit an die Luft setzen wollen, überflüssig machen möchten. So geht das nicht, Herr Berning, so nicht.«

»Ich fürchte, die Leute werden es nicht gut aufnehmen, wenn Sie Ihren Sparkurs einfach so durchziehen«, sagte Herbst. Seine Stimme hatte einen drohenden Unterton.

»Wie oft soll ich es Ihnen noch sagen, das ist kein Sparkurs!«

»Wir werden keine Entlassungen akzeptieren!«

»Es geht hier nicht um Entlassungen. Es geht darum, eine Lösung zu finden.«

»Eine Lösung, bei der du die Grundlagen der Berning

GmbH zugrunde richtest!«, knurrte sein Onkel. »Gutes Handwerk, gute Qualität, darauf kommt es an, das schätzen unsere Kunden an uns. Und das muss auch so bleiben.«

Als Claus eine Stunde später in sein Büro zurückkehrte, spürte er die Schweißflecken, die sich auf seinem Hemd gebildet hatten. Der Rest des Treffens war genauso unangenehm verlaufen wie der Anfang, und ebenso fruchtlos. Er hatte ihnen nicht begreiflich machen können, worum es ging. Noch immer stand das Unternehmen auf der Kippe, war er der Bank ausgeliefert, und wenn jetzt innerbetrieblicher Ärger hinzukam, konnte das der Berning GmbH den Rest geben. Sogar das Wort »Streik« hatte zum Schluss im Raum gestanden, doch das sollte, so schätzte Claus, erst einmal ein Schuss vor den Bug sein. Er glaubte nicht, dass es wirklich dazu kommen würde. Wie Ellermann schon gesagt hatte: Die Berning GmbH kümmerte sich wirklich um ihre Leute, bezahlte übertariflich und war großzügig bei den Sozialleistungen. Sie versuchte den Mitarbeitern sogar bei der Kinderbetreuung unter die Arme zu greifen.

Kaum war er zurück an seinem Schreibtisch, rief Christiane an. Ihre Stimme war kühl; es hatte Streit gegeben, weil er Marc neulich im Hotel »geparkt« und so spät zurückgebracht hatte. »Ich muss am Nachmittag zu einer Veranstaltung«, sagte sie kurz. »Ich bringe Marc gegen vier bei dir vorbei, damit er nicht alleine ist. Kümmere dich bitte um ihn.«

»Verdammt, Christiane, bei uns ist der Teufel los! Und heute Nachmittag haben wir ein großes Meeting. Ich kann mich im Moment nicht um ihn kümmern.«

»Ich möchte aber auch nicht, dass er allein daheim ist.«

»Er ist immerhin schon neun, da kann er sich schon mal selbst beschäftigen.«

»Damit er mit seinem Lötkolben das Haus abbrennt? Frau Talbach kann ja ein Auge auf ihn haben. Um vier sind wir da.«

Sauer legte Claus auf. Bestimmt ging sie wieder zu einem dieser unsäglichen Selbsterfahrungs-Seminare. Ungewöhnlich war es allerdings nicht, dass Marc in der Firma war. Ihr Haus lag nicht weit von den Firmengebäuden entfernt, und mit dem Rad brauchte Marc nur eine Viertelstunde für die Strecke. Als Sohn des Firmenchefs und Mitglied des Berning-Clans ging Marc schon längst in den Firmengebäuden ein und aus und kannte viele der Angestellten. Er genoss es, von ihnen verhätschelt zu werden.

Aber jetzt war keine Zeit für Familienangelegenheiten. Obwohl sich die Arbeit wieder einmal auf seinem Schreibtisch türmte, nahm Claus sich die Zeit für einen Rundgang durch die Büros im Hauptgebäude und durch die Produktionsanlagen. Er stellte fest, dass er diesmal genauer beobachtete als sonst, die Dinge aus einem anderen Blickwinkel sah. Was er noch vor wenigen Wochen als völlig normal empfunden hatte, zog er nun in Zweifel und prüfte es kritisch. Immer wieder fragte er sich, ob er dies oder jenes eigentlich selbst produzieren musste oder ob es nicht günstigere Lieferanten auf dieser Welt gab. Was muss ich wirklich besitzen, fragte sich Claus, und bei was reicht aus, es zu nutzen?

Auch die Manager, mit denen er beim Vorbeigehen plauderte, sah er auf einmal aus einer neuen Perspektive. Würden sie die Flexibilität und Durchsetzungskraft besitzen, das Unternehmen in eine neue Zukunft zu führen? Dem einen oder anderen traute er es zu, bei manchen war er sich jedoch sicher, dass sie diese Evolutionsstufe nicht mehr mitgehen würden. Den Großteil seiner Führungsriege hatte er von seinem Onkel quasi »geerbt«, viele waren älter als er. Es waren gute, erfahrene Leute – aber mancher würde auch nicht mehr bereit sein, sich zu ändern.

Auch seine Kunden unterzog er in Gedanken einer Prüfung. Wer war ein zukünftiger Netzwerkpartner, wem traute er zu, fair und dauerhaft mit ihm zusammenzuarbeiten? Half seine Firma ihnen wirklich, erfolgreicher zu werden, oder war sie nichts anderes als ein netter Dienstleister? Wann hatten die Leistungen der Berning GmbH sie das letzte Mal begeistert, wann hatten sie ihnen etwas geboten, das außerhalb des Tagesgeschäfts lag?

> **Wann waren Ihre Kunden das letzte Mal begeistert?**

Yvonne hat mich ganz schön umgekrempelt – und das nach nur zwei Treffen, dachte Claus. Aber schließlich musste er lernen, anders zu denken, wenn er eine Zukunftsfirma schaffen wollte. Anderes Denken führte zu anderem Handeln, und anderes Handeln führte zu anderen Ergebnissen. Zu hoffentlich besseren Ergebnissen. Und er brauchte eine Zukunftsfirma.

Seine letzte Station auf dem Rundgang war die Marketingabteilung. Das hatte er bewusst so eingerichtet, denn er wollte einige der neuen Ideen mit seinem Marketingchef besprechen. Doch als Claus die Räume der Abteilung betrat, fiel sein erster Blick auf eine junge Frau mit wuscheligem roten Lockenkopf, die ein graues Top trug und mit einer unglaublichen Geschwindigkeit den Computer bediente. Sie blickte nur kurz auf, als Claus hereinkam, und sagte »Guten Tag, Herr Berning!«. Sie musste neu in der Firma sein, denn Claus fiel ihr Name nicht ein. Doch irgendwoher kam sie ihm bekannt vor. Schließlich erinnerte er sich, dass sie es gewesen war, die neulich knapp an seiner Motorhaube vorbei mit dem Mountainbike aufs Firmengelände geprescht war.

»Hallo, ich glaube, wir kennen uns noch nicht«, sagte Claus freundlich und streckte ihr die Hand entgegen.

»Dürfte ich auch Ihren Namen erfahren?«

»Ja, natürlich. Jenny Donat, Marketingassistentin. Sie zahlen jetzt netterweise seit zwei Monaten mein Gehalt.« Sie war aufgestanden und erwiderte den festen Händedruck.

»So lange schon?« Offensichtlich hatte er in letzter Zeit viel zu selten beim Marketing vorbeigeschaut.

In diesem Moment kam Milan Dragovic aus seinem Büro gegenüber und erspähte Claus.

»Ah, Herr Berning! Seien Sie willkommen ...«

Milan Dragovic, der als Ingenieur bei der Berning GmbH angefangen und es bis zum Marketingleiter gebracht hatte, gehörte ebenfalls zur alten Riege: Sein fünfzigster Geburtstag rückte näher. Doch sein Haar war noch immer voll und braun wie eh und je – in der Firma munkelte man, er verdanke das einem Toupet –, und er war immer nach der neusten Mode gekleidet. Sein schmales Gesicht war lebhaft und heiter, und er hatte durch seine charmante Art einen guten Draht zu den Kunden. Doch Claus war sich nicht sicher, wie er die neuen, von Yvonne inspirierten Konzepte aufnehmen würde. Er war sehr kompetent, doch seine Art, das Marketing zu managen, war sehr traditionell. Claus nickte Jenny zu und verschwand mit Dragovic im Besprechungszimmer.

Der dritte Teilnehmer des Treffens war die Vertriebsleiterin, Margareta Henning – wie immer seriös im dunkelblauen Kostüm. Claus mochte sie: Sie war sympathisch, aber entschieden und stand mit beiden Beinen auf der Erde – wenn auch nur in der Firma, denn in ihrer Freizeit frönte sie ihrem großen Hobby, dem Springreiten.

Sie sprachen über die neusten Verkaufszahlen und eine Kampagne zur Neukundengewinnung, die schon ein paar Monate lief, dann kam Claus vorsichtig auf Yvonnes Ideen zu sprechen und erzählte davon, dass man die Kunden begeistern und sie in ein Netzwerk einbinden sollte. Milan Dragovic wirkte nicht wirklich überzeugt, nickte aber, während Claus sprach. »Wie könnte man das denn anstellen, dass unsere Kunden allmählich so was wie eine Gemeinschaft bilden?«, fragte er und schneuzte sich in ein seidenes Taschentuch.

»Gute Frage«, musste Claus zugeben. »Es muss uns gelingen, eine andere Form der Zusammenarbeit mit unseren Kunden zu erreichen. Wir müssen unsere Kunden in Zukunft mehr begeistern und verblüffen. Sie müssen mit Ideen und Leistungen überzeugt werden, die sie so nicht erwarten. Wir können Partnersysteme entwickeln und deutlicher zwischen Kunden und Partnern differenzieren. Unser Geschäft muss es sein, unseren Kunden zu helfen, selbst bessere Geschäfte zu machen. Alles sollte genutzt werden. Wir brauchen neue Ideen.«

»Ich schaue mal, was mir noch einfällt«, sagte Margareta Henning ohne rechte Begeisterung. »Obwohl ich sagen muss, dass wir mit den bisherigen Methoden auch sehr gute Ergebnisse erzielt haben …«

»Ja, das habe ich schon öfter gehört«, meinte Claus resigniert. »Nur reicht das leider nicht mehr. Schauen Sie sich doch um, was draußen in der Welt alles vor sich geht, wie sich die Gesellschaft verändert.«

»Allein dieser ganze Internet-Kram«, seufzte Dragovic. »Ich muss mich mal konsequent in diese Dinge einarbeiten. Aber irgendwie komme ich nie dazu.«

Claus wollte sich schon verabschieden, da fiel ihm die rothaarige Marketingassistentin wieder ein. »Sagen Sie mal, Milan, wer hat eigentlich diese Frau Donat aufgetrieben, diese Neue? Doch sicher nicht mein Onkel, oder?«

»Nein, der Personalchef – ehrlich gesagt habe ich gehört, dass sie die Tochter eines guten Freundes von ihm ist. Aber wie auch immer, sie ist ein Glücksgriff, ich bin sehr zufrieden mit ihr. Allerdings befolgt sie nicht immer alle meine Anweisungen, das kann etwas lästig sein.«

Als Claus wieder aus Dragovics Büro zum Vorschein kam, hob Jenny erneut den Kopf. »Viel Glück und alles Gute!«, rief sie ihm hinterher.

Verblüfft drehte sich Claus um. »Wieso Glück?«

Sie errötete leicht: »Ach, sorry, das geht mich ja gar nichts an. Ich habe nur gehört, dass Sie viel Neues planen, und dafür wünsche ich Ihnen Glück.«

Claus murmelte ein »Danke« und beeilte sich dann, an seinen Schreibtisch zurückzukommen. In der Tat ging das, was er vorhatte, eine junge Marketingassistentin nichts an. Aber die Gerüchteküche schien ja mal wieder bestens zu funktionieren.

Bis zum Meeting am Nachmittag blieb noch etwas Zeit. Nachdem Claus einige Briefe und Memos diktiert hatte, beschloss er, eine halbe Stunde für Nachforschungen zu opfern. Er begann einer Frau zu vertrauen und in seine wichtigen strategischen Überlegungen einzubeziehen, die er kaum kannte – jetzt wollte er mehr über sie herausfinden und versuchen, ihr Geheimnis zu lüften. Ihr Rat schien fundiert, und sie hatte gute Ideen, aber was, wenn sie doch eine Hochstaplerin war? Bisher hatte sie für die Treffen kein Honorar verlangt, und er fühlte sich nicht wohl dabei, weil er nicht wusste, was ihre Interessen dabei waren, ihm weiterzuhelfen.

Wieso sollte er nicht per Internet versuchen, mehr über Yvonne zu erfahren? Dabei konnte er auch gleich etwas vertrauter mit diesem Medium werden. Das Problem war, dass er nicht genau wusste, wie sich Yvonnes Nachname schrieb. Sie hatte sich als »Deloronce« oder so ähnlich vorgestellt, konnte er sich dunkel erinnern. Also gab er nur den Vornamen und den Begriff »Seelenmalerin« in eine Suchmaschine ein. Und tatsächlich, in einer Newsgroup fand er einen Eintrag, in der jemand von seinem Seelenbild erzählte. Einige Passagen ließen ihn aufhorchen. »Yvonne ist eine bewundernswerte Frau ... sie hat ohne Bedauern ihre Karriere aufgegeben ... habe gehört, dass sie in ihrer Branche ein ziemlich hohes Tier war früher ...« Soso, dachte Claus und fragte sich, in welcher Branche sie wohl früher gewesen war. Bei dem Eintrag war eine E-Mail-Adresse angegeben. Er beschloss, dem Unbekannten eine Mail zu schreiben und ihn zu fragen, ob er ihm Näheres sagen könne.

Gerade als er, stolz auf sich selbst, die Mail abschickte,

steckte Frau Talbach den Kopf ins Zimmer. »Ich sollte Sie an das Meeting erinnern … es ist gleich zwei.«

Das Meeting heute Nachmittag, bei dem sich alle Manager der Berning GmbH einfanden, war eigentlich dafür gedacht gewesen, die neuen Forecasts und die Ergebnisse des letzten Quartals zu besprechen, aber Claus hatte schon beschlossen, es zu nutzen, um seine Leute mit Yvonnes Ideen vertraut zu machen. Es war schlimm genug, dass so viele Gerüchte umliefen. Besser, er bezog sein Management so früh wie möglich in die Zukunftsplanung ein.

Doch das Meeting wurde eine Katastrophe. Claus stellte das Netzwerkprinzip und den »Benutzen-statt-Besitzen-Grundsatz« vor und bat dann um Vorschläge, welche Dinge man im Haus behalten sollte und welche man an Spezialisten nach außen vergeben könnte.

»Ich sehe da gar keine Möglichkeiten«, sagte Richard Ulrich knapp. »Unsere Buchhaltung outzusourcen ist nicht sinnvoll, weil ich hier mit den Leuten zusammenarbeiten muss.« Für ihn war das ganz klar das Ende der Diskussion.

»Aber Sie arbeiten doch jetzt schon mit externen Steuerexperten, Wirtschaftsprüfern und Rechtsanwälten zusammen«, wies ihn Claus gereizt zurecht.

»Das ist etwas ganz anderes. Außerdem sind das alles vertrauliche Zahlen, die ich ungern außer Haus geben würde.«

»Schon eher ein Argument«, gab Claus zu. »Würden Sie sich bitte einmal mit Firmen kurzschließen, die ihre Buchhaltung nach draußen vergeben haben, und sie nach ihren Erfahrungen fragen? Auch unsere IT könnten wir outsourcen, das käme natürlich auf den Preis an. Eine kitzelige Frage ist natürlich, wie wir in Zukunft mit unserer Produktion umgehen sollen. Fest steht, dass Besitz nicht mehr die gleiche Bedeutung hat wie früher und uns eher in unserer Flexibilität einschränkt.«

Stefan Herbst, der Produktionsleiter, brach sein feindseliges Schweigen. »Wenn Sie mich fragen, ist das alles Unsinn. Wir sind ein Unternehmen, das etwas produziert. Das ist etwas Solides, das wird uns durch jede Wirtschaftskrise retten. Wenn wir nichts mehr produzieren, dann existieren wir ja nur noch auf dem Papier und sind wahrscheinlich von einem Tag auf den anderen pleite wie diese flirrigen New Economy-Firmen!«

Nur von Milan Dragovic kamen gemäßigtere Töne. »Meine Herren, was wir zu tun versuchen, hat mit der Pleite der New Economy nichts zu tun. Wir können den Kopf nicht in den Sand stecken. In meiner Abteilung arbeiten wir übrigens schon zum Teil so, wie Herr Berning das beschreibt. Wir vergeben viele Aufträge nach draußen – an Druckereien, Agenturen, Marktforschungsinstitute und so weiter – und beschränken uns darauf, die Fäden in der Hand zu behalten und zu koordinieren. Und es funktioniert blendend! Ich denke, wir werden das in Zukunft noch konsequenter machen und im Marketing noch stärker als bisher das Internet einbeziehen.«

Dankbar, dass Dragovic ihn trotz seiner Zweifel unterstützte, nickte ihm Claus zu. Doch der Marketingchef blieb die einzige positive Stimme. Die anderen Manager der Berning GmbH hatten sichtlich weder Lust, sich überhaupt mit dem Thema auseinander zu setzen, noch waren sie bereit, neue Ideen zu entwickeln. Alles Sturköpfe, fluchte Claus innerlich. Die schaffen es noch, den ganzen Veränderungsprozess zu sabotieren! Kurz dachte er daran, professionelle Berater ins Haus zu holen. Doch beim Gedanken an McKinsey & Co. wurde ihm bewusst, dass das für sein Unternehmen wahrscheinlich doch nicht das Richtige wäre. Abgesehen davon, dass sie es sich zurzeit finanziell überhaupt nicht leisten konnten.

»Ich würde vorschlagen, dass wir…«, begann Claus. Doch in diesem Moment flog die Tür auf, und Marc stürmte herein, eine orangefarbene Wasserpistole in der Hand. »Du bist tot!«, johlte er und traf Richard Ulrich mit einem Strahl. Hastig stand Ulrich auf und wischte sich mit einem Taschentuch über das teure Jackett.

»Marc!«, brüllte Claus. »Hör sofort auf damit!«

Im Besprechungsraum herrschte kaltes Schweigen. Stefan Herbst und Milan Dragovic hatten ebenfalls einen Treffer abbekommen und waren wenig begeistert von der unfreiwilligen Dusche. Herbst murmelte etwas von »…mehr Disziplin…«.

»Entschuldigen Sie mich«, sagte Claus hastig, zog seinen Sohn in den Gang, nahm ihn gehörig ins Gebet und verfrachtete ihn dann zu Frau Talbach. Doch insgeheim amüsierte er sich über den Vorfall. Seine Manager hatten die kalte Dusche eigentlich verdient.

In den nächsten Wochen bewahrheiteten sich seine Befürchtungen. Noch immer war die einzige Abteilung, in der etwas passiert und konkret umgesetzt worden war, Vertrieb und Marketing. Dragovic hatte ein Bonus-System geschaffen, mit dem Kunden besondere Vorzüge und Leistungen geboten wurden, wenn sie bestimmte Bedingungen erfüllten. Obwohl es jetzt zwei Klassen gab, Kunden und Partner, wurde dieses Programm sehr gut angenommen. Grundidee dieses Programms ist es, weitgehende Einkaufsmöglichkeiten zu koordinieren und gemeinsame Entwicklungen zu forcieren. Darüber hinaus wurde ein Partner Dialog Forum geschaffen, damit Experten regelmäßig über den letzten Stand ihrer Erfahrungen berichten können. Das Empfehlungsprogramm war ebenfalls dem Planungsstadium entwachsen, und es gab schon Termine für erste Veranstaltungen. Auch das Forum, durch das die Kunden stärker einbezogen werden konnten, nahm langsam Gestalt an.

Claus beschloss, sich möglichst bald wieder mit Yvonne zu treffen. Vielleicht brachte ihn die dritte Erkenntnis auf ihrem Weg des Wandels weiter. Inzwischen musste sie auch aus Frankreich zurück sein.

Claus wählte die Nummer, die sie ihm gegeben hatte. Doch es klingelte endlos, niemand da. Stattdessen kam Mona Talbach in sein Büro: »Dr. Kränzel von der Bank auf Leitung 2! Kann ich es Ihnen rüberstellen?« Auch das noch, dachte Claus und nahm den Anruf an.

»Herr Berning, wir müssen wissen, wie es bei Ihnen vorangeht. Sie haben sich zwei Wochen nicht gemeldet.«

»Ich habe einige Veränderungen in Vertrieb und Marketing initiiert, außerdem sind wir dabei, ein ganz neues Unternehmenskonzept zu erarbeiten«, sagte Claus. »Ich muss Sie noch um etwas Geduld bitten, die Details sollen nicht vorzeitig bekannt werden.«

»Bitte kommen Sie in zwei Wochen in die Bank und stellen Sie uns Ihre Fortschritte vor. Hat sich Ihre Liquidität inzwischen verbessert? Das hatten Sie uns zugesagt, wenn ich mich recht erinnere.«

»Sie ist besser geworden, ja. Einige Kunden haben endlich ihre Rechnungen bezahlt. Und unsere Umsätze sind nach wie vor sehr gut …«

Nachdem Claus aufgelegt hatte, war er noch schlechterer Laune als vorher. Diese Leute hatten sich wirklich vorgenommen, ordentlich Druck auf ihn auszuüben!

Erst zwei Tage später schaffte es Claus, die Seelenmalerin an den Apparat zu bekommen. »Hallo, Yvonne, gut dass ich Sie erreiche«, sagte er. »Ich würde gerne mit Ihnen einen Termin ausmachen, um die nächste Erkenntnis zu besprechen.«

»Natürlich«, tönte es fröhlich zurück. »Übrigens habe ich eine kleine Überraschung für Marc vorbereitet. Wo wollen wir uns treffen?«

»Können Sie zu uns kommen? Am besten bald …«

Sie verabredeten sich für Donnerstag, halb neun abends. Claus war inzwischen nicht mehr überrascht, als Yvonne erst um Viertel nach neun auftauchte. Er öffnete ihr selbst, während sich Marc neugierig hinter ihm herumdrückte. Yvonne trug ein knappes rotes Bolero-Jäckchen, darunter ein Kleid mit Blumenmuster und Sportschuhe. Sie schleppte – wie so oft – ein in Packpapier eingeschlagenes Bild mit sich. Als sie Marc sah, hielt sie ihm das flache Paket hin. »Hier, das ist für dich!«, sagte sie heiter.

»Echt?« Marc dachte gar nicht daran, mit dem Auspacken zu warten, und riss noch im Flur das Packpapier herunter. Wie üblich fiel eine Kassette zu Boden. Neugierig versuchte Claus, einen Blick auf Marcs Seelenbild zu erhaschen. Es war in Blau gehalten und zeigte einen Jungen, der auf einem Delfin ritt.

»Hey, cool!«, sagte Marc. Er liebte Delfine und hatte

wegen seines Sternzeichens Fische ohnehin ein besonderes Verhältnis zum Wasser.

»Was sagt man …?«, soufflierte Christiane.

»Danke!«, rief Marc und verzog sich in sein Zimmer, um die Kassette anzuhören. Yvonne, Christiane und Claus machten es sich in der Sitzgruppe vor dem Kamin gemütlich. Claus brannte darauf, der Seelenmalerin von seinen Erfahrungen in der Firma zu berichten. »Es läuft leider genauso schlecht, wie ich schon geahnt habe. Alle blocken ab, wehren sich mit Händen und Füßen …« Er erzählte von dem katastrophalen letzten Meeting.

»Das war zu erwarten«, beruhigte ihn Yvonne. »Aber vielleicht liegt es auch daran, dass Ihre Leute sich nicht bewusst sind, was für Nachteile die bisherige Struktur Ihrer Firma hat.«

»Was wollen Sie damit sagen?«

»Ganz einfach«, überging Yvonne seinen gereizten Ton. »Sie sind eine Produktionsfirma. Da wird produziert. Das ist alles zum Anfassen. Das ist Ihre Tradition. Und Sie erwarten jetzt, dass Ihre Leute mit Begeisterung aufspringen und mitspielen. Sie nehmen ihnen alles weg, worauf sie stolz sind, ihre Maschinen, ihre Produkte und ihre Fabriken.«

»Ganz so schlimm ist es ja nicht«, konterte Claus. »Die Maschinen können wir leasen, die Produkte können wir gemeinsam mit Partnern herstellen, und unsere Fabriken schließen wir auch nicht morgen.«

»Aber so sehen es die Arbeiter. Sie müssen Ihnen neue Perspektiven aufzeigen«, antwortete Yvonne. »Und die gibt es ja. Sie müssen sich nur auf die andere Seite stellen.«

»Was ist mit der anderen Seite gemeint?«

»Sie müssen Ihren Leuten zeigen, wie man vom Produzenten zum Vermarkter wird. Das ist auch die dritte Erkenntnis. Sie lautet: ›Zugangscode für Beziehungen.‹ Es wird in Zukunft entscheidend sein, die Vermarktungskompetenz in den Mittelpunkt der Firmenstrategie zu stellen. Natürlich ist auch die produktbezogene Kernkompetenz entscheidend. Noch wesentlich wichtiger wird es allerdings sein, auf der Kundenseite über beste Beziehungen zu verfügen.«

»Ist das nicht längst im Gange?«, fragte Claus.

»Wenn Sie damit meinen, ob man den Kunden bereits entdeckt hat, dann haben Sie Recht. Aber der Zugangscode für Beziehungen geht noch viel weiter.«

> **Die Zukunftsfirma besitzt einen Zugangscode für Beziehungen.**

»Wenn wir die Aufmerksamkeit unserer Kunden erreichen wollen, und das wird eine der größten Herausforderungen unserer Zeit werden, dann müssen wir auch möglichst viel ihrer wertvollen Zeit für uns gewinnen. Je intensiver die Beziehungen sind und je intensiver der Austausch von Wissen und Leistungen ist, desto mehr wird man mit dem Kunden verschmelzen können.

Er wird zu einem Partner, und die Beziehungsqualität wird zum entscheidenden Faktor. Dafür hat sich mittlerweile der Fachbegriff ›Clienting‹ entwickelt.«

»Dann könnte man ja sagen«, dachte Claus laut, »dass wir anfangen müssen, in unserem Unternehmen über menschliche Beziehungen nachzudenken, so wie wir früher über

Waren und Produkte nachgedacht haben. Menschliche Beziehungen werden zu unserem wertvollsten Gut.«

»Das ist absolut richtig«, so Yvonne. »Der erlaubte Zugang zu den Menschen wird in Zukunft am höchsten bezahlt werden. Kunden, die bereit sind, mit einem Unternehmen in Beziehung zu treten, weil es eine entsprechende Anziehungskraft auf sie ausübt, werden nicht nur interessiert auf die Angebote des Unternehmens reagieren, sie werden zum strategischen Partner in der Weiterentwicklung der Produkte und Dienstleistungen. Sie werden zu Ihren besten Verkäufern und bauen kontinuierlich mit an der Verbreitung des Netzwerkunternehmens. Wenn Sie aber erst den Beziehungscode zu Ihren Kunden geknackt haben, wächst Ihre Anziehungskraft für attraktive Geschäftspartner. Das Netzwerk wächst wieder weiter. Allerdings: Wer den Beziehungscode knacken will, muss wissen, was die Kunden wirklich wollen. Wir müssen uns vom alten Konzept des Push-Marketings vollständig verabschieden. Begeistern Sie Ihre Kunden, indem Sie deren Wünsche und Träume in Produkte und Leistungen umsetzen, bevor sie sich noch über diese bewusst geworden sind. Nur wer wirklichen Mehrwert erbringen kann, wird die Erlaubnis erhalten, Teil einer Community zu werden. Ein interessantes Peer to Peer-Modell gibt es zurzeit in München. Die jungen Leute laden sich per SMS zur Party ein. Per Handynummer erfährt der Interessierte, wo die nächste Party stattfindet. Für die Kids und Fans ist dazuzugehören das Größte. Über Mund-zu-Mund-Propaganda wird das Netzwerk immer größer. Für Unternehmen gilt es in Zukunft, ihr Angebot so attraktiv zu gestalten, dass sich die Mitglieder einer Community dieses untereinander weiterreichen würden, wie heute eine Party-einladung.

Sie wollen ein etablierteres Unternehmensmodell? Denken Sie an Amazon. Gerne lassen sich die Kunden beraten. Von Amazon selbst oder von anderen Amazon-Kunden.

Wir sind im Zeitalter der neuen Regeln. Dafür brauchen wir neue Ideen und Tempo bis zur Markteinführung. Aber den meisten Unternehmen fehlt die Freiheit, diese wichtigen Erkenntnisse umzusetzen.«

»Moment«, sagte Claus irritiert. »Wieso? Wir führen Unternehmen, treffen als Vorstandsvorsitzende oder Inhaber die Entscheidungen, wie wir es für richtig halten.«

»Ja. Aber entscheiden Sie wirklich völlig frei? Seien Sie ehrlich: In Wirklichkeit sind Sie doch in so viele Machtverhältnisse und Abhängigkeiten verstrickt, dass Sie gar nicht mehr die Freiheit haben, eine objektive Entscheidung treffen zu können.«

Claus dachte an sein Telefonat mit der Bank und nickte grimmig.

»Man ist abhängig von Vorstandskollegen, Vorsitzenden, Lobbyisten, Aufsichtsräten, Banken und Aktionären. Neulich habe ich den Manager einer Warenhauskette getroffen, der mir von den neuen Wegen erzählte, die er gerne gehen würde«, erzählte Yvonne weiter. »Aber als ich ihn gefragt habe, ob sie das denn auch umsetzen würden, hat er gesagt: ›Natürlich nicht! Das Einzige, was uns und unsere Aktionäre interessiert, ist, wie wir morgen mehr Umsatz machen, für übermorgen interessiert sich schon kein Mensch mehr.‹«

»Das mag eher ein Einzelfall sein ...«

»Glauben Sie das wirklich ernsthaft? Was schätzen Sie

denn, wie viele Unternehmen überhaupt eine schriftlich aus-
formulierte Strategie haben?«

»Der größte Teil«, meinte Claus.

»Weit gefehlt – acht von zehn Firmen haben keine. Und
wie ist es mit Ihnen?«

»Natürlich haben wir unseren Business-Plan, welche Zahlen und Ergebnisse wir innerhalb der nächsten fünf Jahre
erreichen wollen.«

»Das meine ich nicht. Ich meine nicht die Zahlen, ich
meine die Strategie dorthin.«

Claus musste zugeben, dass es so etwas auch bei ihnen
nicht gab.

»Ich möchte nicht dauernd das jetzige Management kritisieren, es muss sich nur von den Spielregeln der Vergangenheit eindeutig verabschieden«, sagte Yvonne, und Claus
nickte – das hatte sie schon ein paar Mal betont. »Einer der
wichtigen zukünftigen Aspekte wird es sein, die Freiheit
wieder zurückzubekommen, die die meisten verloren haben. Denn trotz alledem dominiert immer noch: Profit is the
name of the game.«

»Und was, bitte, ist daran falsch?«

»Falsch ist daran, dass so viele Konzerne mit Kostensen-
kungsprogrammen überhäuft werden, weil man so kurzfris-
tig positive Zahlen vorweisen kann«, sagte Yvonne und
nippte an ihrem Wein. Claus, der für sie einen seiner guten
Barolos aufgemacht hatte, achtete genau auf ihre Reaktion,
aber zu seiner Enttäuschung schien die Seelenmalerin gar
nicht zu merken, was sie trank. Sie hatte sich schon zu sehr
in Fahrt geredet. »Ich finde es erschreckend, wie unfrei die
heutigen Entscheider geworden sind. Sie haben sich wie in

einem Netz oft gegensätzlicher Interessen verfangen. Also wägen sie oft nur ab, was das geringere Übel von drei oder mehr Alternativen ist.«

> **Die Zukunftsfirma entwickelt eine Strategie des permanenten Wandels.**

»Kommt mir bekannt vor«, seufzte Claus, und sogar Christiane lächelte gequält.

»Diese Abhängigkeit lässt Unternehmen handlungsunfähig werden. Sie schafft eine gefährliche Abwartementalität, und das ist natürlich fatal in einer Zeit, in der sich alles ändert...«

»Nicht jeder kann Freiheit aushalten«, sagte Christiane, wie immer makellos gepflegt in einem blassblauen Kostüm. Claus blickte sie neugierig an. Das war eine seltsame Bemerkung, und er fragte sich, ob sie das nicht auf sich selbst bezog. Er erinnerte sich an ihr Seelenbild – Freiheit war auch darin ein großes Thema gewesen.

»Für einen Machtmenschen stinkt Freiheit nach Revolution«, sagte Yvonne zustimmend. »Deshalb weckt Freiheit auch eine Urangst vieler Manager, denn gewährt man Freiheiten, verliert man die Kontrolle. Verliert man die Kontrolle, verliert man die Macht. Verliert man die Macht, ist man gescheitert. Wir sind also schon wieder mittendrin im Epizentrum des Machtschocks.«

Claus drehte sein Glas in den Fingern. »Ich glaube nicht, dass ich einer von diesen Typen bin, aber ich finde es auch ziemlich schwer, Freiheit als Unternehmensmaxime zu definieren.«

> **Für Zukunftsfirmen sind Freiheit und Flexibilität zentrale Erfolgselemente.**

»Wenn man es oberflächlich betrachtet, ist Freiheit ein großes Risiko. Aber ich glaube, dass zukünftig erfolgreiche Unternehmen Freiheit und somit auch größere Flexibilität als zentrales Erfolgselement betrachten werden. Eine autoritäre Führungskultur funktioniert heute einfach nicht mehr.«

»Das heißt, wenn ich Sie richtig verstehe«, sagte Claus, »dass nach der Erkenntnis, in der Manager alles besitzen wollen, die Manager sich nun davon verabschieden müssen, dass alles befolgt wird, was sie anordnen.«

»Ganz genau. Wir können heute keine Mitarbeiter mehr gebrauchen, die Anweisungen befolgen. Wir können heute keine Unternehmenslenker mehr akzeptieren, die ihr Unternehmen führen wie Generäle. Das klappt nur während des Krieges. Wissen Sie, was das Schlimmste ist? Oft ist ein Mitarbeiter besser beraten, es dem Chef recht zu machen als dem Kunden. Ein ausländischer Manager sagte einmal: Deutsche Mitarbeiter arbeiten für den Chef und eben nicht für den Kunden. Bis heute ist man immer noch nicht auf mündige Mitarbeiter eingestellt, die eigene Ideen haben – trotz der vielen Sprüche, wie wichtig die Mitarbeiter für ein Unternehmen sind.«

> **Ein autoritärer Führungsstil funktioniert nicht mehr.**

Claus erinnerte sich an seinen Vertriebschef Dragovic und seine Bemerkungen, dass die Marketingassistentin Jenny nicht immer daran dachte, seine Anweisungen zu befolgen. Ja, auch in seinem Unternehmen war ein autoritärer Managementstil gang und gäbe. Aber ihm erschien auch nicht sinnvoll, dass jeder nach Belieben Anweisungen missachtete – das musste ins Chaos führen!

Yvonne schien zu ahnen, was er dachte. »Damit wir uns nicht missverstehen: Freiheit heißt auch nicht, dass jeder das machen kann, was er will. Das wäre das andere Extrem und würde ein Unternehmen genauso handlungsunfähig machen.«

»Wie immer liegt die Wahrheit in der Mitte«, warf Christiane ein. Claus war erstaunt, dass die ganze Diskussion sie noch nicht langweilte und sie weiterhin zuhörte.

»Richtig«, sagte Yvonne heiter. »Das Gesamtkonzept eines Unternehmens muss darauf ausgerichtet sein, möglichst viele Optionen zu schaffen.«

»Das«, sagte Claus, »klingt furchtbar theoretisch. Würden Sie das bitte erklären?«

»Entscheidend ist, möglichst viele Optionen zu haben, damit das Unternehmen in Freiheit agieren kann. Es wird in Zukunft ausschlaggebend sein, die Schnelligkeit zu besitzen, auf veränderte Bedingungen reagieren zu können. Dafür ist es aber notwendig, dass möglichst wenig in Abhängigkeit produziert wird. Entscheidend wird es sein, Bindungen auf ein Minimum zu reduzieren – nur so bleibt man flexibel, kann weiterhin experimentieren. Deshalb ist es sinnvoller, in Optionen zu denken und zu handeln, als in festen Strukturen zu arbeiten.«

> **O**ptionen statt feste Strukturen.

»Klingt logisch, aber das war eigentlich nicht meine Frage. Wie schafft man diese Optionen?«

»Dafür muss ich leider ein bisschen weiter ausholen. Sie kennen die Zahlenbilanz Ihres Unternehmens...«

»Besser, als mir lieb ist«, sagte Claus und dachte an die vermaledeite Liquidität.

»Klar werden wir auch in zehn oder zwanzig Jahren noch Zahlen brauchen, um Erfolg zu definieren – schließlich leben wir alle davon, dass wir Gewinne erwirtschaften. Nur sind Zahlen letzten Endes nichts anderes als das indirekte Ergebnis einer anderen Bilanz.«

»Ah, ich glaube, ich weiß, worauf Sie hinauswollen. Sie meinen die Diskussion um die immateriellen Unternehmenswerte, stimmt's?«

»Stimmt. Ich nenne es am liebsten immer die Spannungsbilanz eines Unternehmens. Eine Spannungsbilanz ist eine Bilanz, bei der ermittelt wird, wie hoch die Anziehungskraft und Attraktivität dieses Unternehmens ist.«

> **D**ie wichtigste Bilanz eines Unternehmens ist seine Spannungsbilanz.

Claus lächelte. »Schönes Wort.«

»Es leuchtet ja ein: Je anziehender ein Unternehmen ist, umso mehr bemühen sich Kunden, Mitarbeiter, Partner, Lieferanten mit diesem Unternehmen in Kontakt zu kommen.«

»Hm, das würde bedeuten, dass wir völlig andere Prioritäten setzen müssen, denn diese Anziehungskraft ist offensichtlich das Ergebnis ganz anderer Aktivitäten als der, die sich nur auf die Zahlen auswirken.«

»Jetzt haben Sie den entscheidenden Punkt erkannt«, freute sich Yvonne, »praktisch alle Unternehmen achten permanent darauf, wie sie ihre Zahlen verbessern. Damit laufen sie der Zeit praktisch auch immer nur hinterher, denn das Ergebnis der Zahlen ist bereits Monate oder Jahre vorbereitet worden. Doch wenn man die immaterielle Bilanz ins Zentrum rückt, kann man zum Beispiel die Qualität der Kundenbeziehungen steigern. Oder den Innovationsgrad. Das sind alles Dinge, die ein Unternehmen spannend machen. Wir sind damit in einem Wettbewerb der Anziehungskraft und der Aufmerksamkeit gelandet.«

»Ich fürchte, die Berning GmbH ist nicht unbedingt das spannendste Unternehmen unter der Sonne«, gab Claus zu. »Aber ich glaube, jetzt weiß ich, was Sie meinen. Wir könnten es spannender machen, und je spannender wir sind, desto mehr Optionen haben wir.« Verstimmt sah er zu, wie Yvonne abwesend ihr Glas austrank.

»Genau. Optionen sind Wahlmöglichkeiten – mit wem Sie zukünftig zusammenarbeiten wollen zum Beispiel. Deshalb ist die Spannungsbilanz so wichtig.«

Plötzlich musste Claus lächeln. »Das klingt mir alles gar nicht nach der klassischen Betriebswirtschaftslehre. Aber mir gefallen Ihre Ideen, sie haben das gewisse Etwas.«

»Danke«, sagte Yvonne, und der Schalk blitzte ihr aus den Augen. »Die klassische Betriebswirtschaftslehre funktioniert ja auch immer weniger in einem neuen Zeitalter, in das wir uns hineinbewegen. Ich sage Ihnen, Claus, in zehn Jahren werden die Studenten, die dann irgendwo in dieser Welt Controlling als Fach haben, nicht mehr verstehen können, wie wir glaubten, im letzten Jahrtausend und noch Anfang dieses Jahrtausends ein Unternehmen ausschließlich mit Zahlen führen zu können. In fünf Jahren wird ein Unternehmen nach dem Wert der Mitarbeiter beurteilt und nicht mehr nach den Maschinen.«

»Okay, das fände ich gar nicht so schlecht. Aber meine Frage ist: Wie mache ich meine gute alte Berning GmbH spannend?«

»Sie können sich, wie ich schon erwähnt habe, stärker auf die immateriellen Werte konzentrieren. Aber es gibt noch einen anderen Weg: Indem Sie etwas bieten, was in dieser Form einzigartig ist. Das Ziel ist, eine einzigartige Positionierung zu erreichen und damit konkurrenzlos zu sein.«

Claus lachte. »Oho. Gates lässt grüßen!«

»Jetzt mal Spaß beiseite. In dem Moment, in dem Sie konkurrenzlos sind und das, was Sie anbieten, vom Markt gefordert wird, wird Ihre Spannungsbilanz automatisch zunehmen und damit Ihre Wahlmöglichkeiten.«

»Klar leuchtet mir ein, dass ein einzigartiges Produkt erstrebenswert ist, aber wie lange hält das heute?«, wandte Claus ein. »In den meisten Fällen dauert es nur ein paar Monate, bis ein Produktmonopol wieder von jemandem, der es ein bisschen besser, ein bisschen billiger macht, gebrochen wird.«

Yvonne schüttelte den Kopf. »Das passiert, wenn man einseitig nur in Richtung Produkte denkt. Aber es gibt noch eine ganze Menge anderer Positionierungen, Know-how zum Beispiel, Patente, Kundenbeziehungen. Das heißt, eine so intensive Beziehungsqualität zu einer ganz bestimmten Kundengruppe, dass man über diesen Weg fast eine Monopolstellung erreicht.«

»Hm, klingt vernünftig …«

»Bereits vor dreißig Jahren hat der Systemforscher Wolfgang Mewes bewiesen, dass ein Unternehmen dann erheblich erfolgreicher ist, wenn es gelingt, eine Zielgruppenkompetenz statt einer Produktkompetenz aufzubauen«, berichtete Yvonne.

> **D**ie Zukunftsfirma ist auf Zielgruppenkompetenz, nicht auf Produktkompetenz ausgerichtet.

»Falls die Zielgruppe neue Anforderungen hat, kann man problemlos die Angebotspalette verändern. Man ist ja nicht auf Produkte fixiert, sondern auf die Zielgruppe. Das hört sich einfach an, aber daran halten sich die Unternehmen heute noch nicht. Und das ist für die Zukunftsfirma überlebenswichtig. Der Zugangscode für Beziehungen lässt sich durch eine permanente Spannungsbilanz verbessern. So entstehen partnerschaftliche, weit über das normale Maß hinausgehende Kundennetzwerke. Die entwickelte Kompetenz und das Know-how lässt Sie wieder für neue Kontakte interessant erscheinen. Kunden finden von alleine den Weg zu Ihnen.«

»Sagen Sie mal, Yvonne«, meinte Claus, der sich von den vielen Ideen schon etwas erschöpft fühlte. »Gibt's denn auch gute Beispiele? Unternehmen, die es wirklich geschafft haben, sich zu verändern und zukunftsfähig zu werden? Kann man es wirklich schaffen?«

»Hm, auf Anhieb fällt mir Mannesmann, heute Vodafone, ein. Da hat sich ein traditionelles Industrieunternehmen radikal neu orientiert. Es ist als Mannesmann-Röhrenwerke bekannt geworden, aber dann ist es ihm gelungen, ein völlig neues Geschäftsmodell in Richtung Mobilfunktechnologie zu entwickeln und den Sprung in die Neuzeit zu schaffen. Nokia ist ein anderes Beispiel. Auch NSA, ein Milliardenunternehmen für Nahrungsergänzungsprodukte. Sehr erfolgreich durch Network Marketing. Das Unternehmen war in der Gründerzeit auf Brandschutzmeldesysteme spezialisiert. Oder die TUI-Gruppe, die sich völlig neu positioniert hat. Genau diese radikalen Veränderungen werden Unternehmen in Zukunft vor sich haben, und je mehr Wahlmöglichkeiten sie verfügbar haben, desto erfolgreicher kann das Unternehmen in Zukunft agieren. Nicht jedes Unternehmen muss dabei jedoch sein Geschäftsfeld völlig verändern.«

Claus schaute auf die Uhr. Es war halb zwölf geworden. »Ich bin ganz schön geschafft. Es war ein harter Tag. Aber aus diesem Abend werde ich sicher wieder einige Ideen mitnehmen. Schon mal vielen Dank, dass Sie gekommen sind, Yvonne.«

»Keine Ursache«, sagte Yvonne und schaute lächelnd zum Bild des Phönix aus der Asche hinauf, das inzwischen an einem zentralen Platz im Zimmer hing.

Nachdem die Seelenmalerin gegangen war, meinte Christiane: »Ich finde es spannend.«

»Ich auch«, sagte Claus. »Aber wenn Yvonne das nächste Mal kommt, bekommt sie einen Tafelwein aus dem Supermarkt.«

Claus' Erkenntnis-Tagebuch: Offensichtlich haben wir uns bisher von falschen Prioritäten leiten lassen.

Unser einziges Ziel ist es gewesen, maximalen Profit zu erzielen. Dafür haben wir ausschließlich auf die Zahlen geachtet. Das hat uns viel gekostet. Natürlich wollen wir mehr Profit als andere erzielen, nur schaffen wir es nicht, indem wir die Zahlen in den Mittelpunkt stellen. Unsere Zahlenbilanz ist nur das direkte Ergebnis einer ganz anderen Bilanz, unserer Spannungsbilanz.

Wie spannend sind wir für unsere Kunden und Partner?

Wie hoch ist unsere Attraktivität und Anziehungskraft?

Wie gut ist die Qualität unsere Kundenbeziehungen?

Wie einzigartig sind wir mit unserem Konzept?

Wir verlagern unsere Prioritäten von materiellen Werten zu immateriellen Werten wie zum Beispiel Ideen oder den Mitarbeitern einer Firma. Das ist ein dramatischer Sprung hin zur ganzheitlichen neuen Führung eines Unternehmens.

Eine Spannungsbilanz ist erforderlich, damit wir in der Außenwirkung unsere Optionen und damit Auswahlmöglichkeiten erheblich verbessern können. Wir müssen Abhängigkeiten reduzieren, um freie Entscheidungen treffen zu können. Wir schaffen es heute nicht mehr, auf klassischen Wegen ausreichende Alternativen zu haben. Also müssen wir es umdrehen und eine so hohe Sogwirkung erzeugen, dass man auf uns zugeht.

Schaffen wir unser eigenes »Liberty Island« durch eine neue Form der Spannungsbilanz. Und schaffen wir die Zugangscodes für dauerhafte Partnerbeziehungen.

Vierte Erkenntnis:
Copyright des Wissens

Claus konnte an fast nichts anderes mehr denken als daran, wie er Yvonnes Erkenntnisse umsetzen würde. In jeder freien Minute schrieb er Konzepte, Notizen, Ideen dazu auf. Wie konnte er die Spannungsbilanz der Berning GmbH erhöhen? Er beschloss, das mit Dragovic zu besprechen. Auf jeden Fall mussten sie davon wegkommen, nur einzelne Schrauben, Muttern und kleinere Systeme für Autos zu produzieren. Wenn sie dagegen ein wichtiger Partner für komplette Systeme werden könnten, würde sich automatisch ihre Bedeutung und Attraktivität als Anbieter erhöhen...

Und das Netzwerk – ja, er musste jetzt schon anfangen, das Unternehmen stärker zu vernetzen. Machte es Sinn, schon in der nächsten Woche Gespräche mit potenziellen Partnern aufzunehmen? Oder war alles noch zu unausgegoren? Er musste so bald wie möglich mit seinem Freund Jack darüber reden, schließlich brauchte er unbedingt Partner in anderen Ländern, und zuallererst natürlich in Amerika. Machte es überhaupt Sinn, die Verhandlungen mit dem Investor in Amerika fortzusetzen? Und ob, entschied Claus. Welche Form sein Unternehmen schließlich auch haben würde – Mittel, um während der Umsetzung seiner Pläne liquide zu bleiben, brauchte er auf jeden Fall. Wobei sich Claus darüber im Klaren war, dass das Kapital beim Aufbau des Netzwerkes nicht die wesentliche Rolle spielt. Viel entscheidender wird es sein, die richtigen Partner zusammen zu bringen. Synergieeffekte sind weltweit zu nutzen. Was in Asien produziert oder entwickelt werden kann, braucht nicht noch einmal in Europa konzipiert werden. Ins Netzwerk können so Partner integriert werden, die allein als Produzenten keine Überlebenschance haben werden, wenn Konzerne ihre Lieferanten radikal zusammenstreichen. Das wiederum hat Vorteile für alle. So kann man sich als Systemlieferant und Partner neu positionieren.

Noch immer traf sich Claus täglich mit seinem Finanzchef Richard Ulrich. Langsam, ganz langsam, wurden die Nachrichten über ihre Finanzlage besser. Claus entschied sich, Ulrich ins Vertrauen zu ziehen und mit ihm zu besprechen, wie sich seine Pläne für die Berning GmbH konkret umsetzen ließen. »Welches Finanzierungsmodell könnten wir einsetzen, um die Firma umzubauen?«, fragte Claus ihn.

Ulrich runzelte die Stirn. »Ich fürchte, um unsere Hausbank werden wir nicht herumkommen – sie kommt bei solchen Finanzierungen fast ausschließlich zum Tragen.«

»Das darf doch nicht wahr sein!« Der Gedanke, sich noch stärker von seiner Hausbank und Dr. Kränzel abhängig zu machen, löste Beklemmungen in Claus aus. »Viel lieber wären mir Modelle, bei denen wir den Grundsatz ›Benutzen statt Besitzen‹ befolgen können. Wie sieht es mit Leasing oder Mietmodellen aus? Oder anderen Finanzierungsformen – Venture Capital vielleicht?«

»Das ist eher eine Sonderform der Finanzierung, keine Normalität«, sagte Ulrich steif und strich sich durch das stets makellose Haar. »Damit kenne ich mich leider nicht so gut aus, aus traditioneller Sicht wird so etwas nicht berücksichtigt.«

»… was sich bald ändern dürfte – der Leasingmarkt wächst kontinuierlich.« Claus blickte grimmig drein. »Mein Eindruck ist wirklich, dass es als anrüchig gilt, etwas nicht bar zu bezahlen. Nach dem Motto: ›Da kann etwas nicht stimmen, sie können es nicht mehr bezahlen.‹«

Je länger er sich mit Ulrich unterhielt, desto stärker wurde ihm bewusst, wie recht Yvonne mit diesem Leitsatz zukünftigen Wirtschaftens hatte. Zurzeit musste er 36 Maschinen permanent am Laufen halten oder neu anschaffen – das waren jeweils Ausgaben in Größenordnungen von mehreren hunderttausend Euro. Jeder Kauf erhöhte seine Abhängigkeit von der Bank, da er ins gesamte Kreditlimit eingerechnet wurde und seinen Liquiditätsspielraum schmälerte. Die Leasingkosten würden dagegen nicht so stark ins Gewicht fallen und der Berning GmbH dadurch mehr Wahlfreiheit ermöglichen und eine bessere Manövrierfähigkeit geben.

Claus fragte sich, warum er es bisher so selbstverständlich akzeptiert hatte, dass in den wesentlichen Bereichen Produktion, Finanzen, Vertrieb und Marketing so konservativ gearbeitet wurde. Sie ignorierten einfach, dass sich die Spielregeln geändert hatten, und arbeiteten heute so wie gestern und vorgestern. Und wenn er versuchte, die Bereiche an die neuen Gegebenheiten anzupassen, stieß er auf betonierte Mauern.

Sein Finanzchef riss ihn aus seinem Tagtraum. »Ich habe etwas von einem Mittelstandsfonds gehört, Herr Berning.«

»Was ist ein Mittelstandsfonds?«, fragte Claus.

»Es ist eine so genannte Bridge Finanzierung, also eine Brückenfinanzierung. Dabei erhalten ausgesuchte Firmen mit zukunftsfähigen Konzepten von Investoren Geld für ihre Expansion. Über einen Fonds beteiligen sich Investoren daran.«

»Das scheint ein kreatives Konzept zu sein«, sagte Claus. »Bitte sehen Sie zu, ob Sie weitere Details erfahren können und wir dafür infrage kommen.«

Claus wurde immer mehr bewusst, dass er die restlichen drei Erkenntnisse und die Weisheit, die Yvonne ihm vermitteln wollte, dringend brauchte. Denn die alles entscheidende Frage, die strategische Frage, war immer noch nicht entschieden: Wie konnte das neue Geschäftsmodell aussehen? Wie ist die Zukunftsfirma zu gestalten? Welche Innovation würde es sein, die ihm eine Ideen- oder Zielgruppenpositionierung bringen würde? Und er konnte auch nicht mehr lange zusehen, wie sich der Konflikt in seiner Firma immer weiter zuspitzte. Ihm graute bereits vor dem Treffen mit dem Betriebsratschef. Was sollte er tun, wenn es einen Streik gab? Er musste einen Weg finden, die Produktion loszuwerden, ohne Leute entlassen zu müssen. Aber war das nicht ein Widerspruch in sich, wie sollte das gehen …? Und die Manager der Berning GmbH, die alte Garde – wie sollte er sie auf seine Seite bringen? Vielleicht wäre es gut, ein paar neue Leute ins Management zu holen, frisches Blut, Leute, die seine Ideen verstanden, denen klar war, dass seine Firma in Zukunft anders arbeiten musste. Ein paar der anderen in Frühpension schicken. Aber alle konnte er nicht loswerden – und im Endeffekt schuf er damit zwei rivalisierende Grup-

pen. Solche internen Konflikte konnten die Firma lähmen…
und woher so schnell gute neue Manager nehmen? Wahrscheinlich kam er ja mit unerprobten, hastig angeheuerten
Leuten vom Regen in die Traufe…

In Gedanken versunken ging Claus am Schwarzen Brett
neben der Kantine vorbei, las wie immer im Vorbeigehen,
was Neues daran hing – und stutzte. Was war denn das für
ein Plakat? Er las:

> WEHRT EUCH!
> DIE FIRMENLEITUNG WILL DIE PRODUKTION IHRER STRATEGIE OPFERN. DOCH SIE KANN UNS NICHT HIN- UND HERSCHIEBEN WIE STÜCKGUT! WIR FORDERN EINE GARANTIE, DASS UNSERE ARBEITSPLÄTZE
> SICHER SIND! SCHLIESST EUCH DEM PROTEST AN – NOCH HEUTE.

Wütend löste Claus die Reißzwecken, um das Plakat abzunehmen. Was sollte das? Schließlich hatte er erst in zwei
Tagen eine Besprechung mit Ellermann – wollte der Betriebsrat so schon einmal Druck aufbauen? Oder war es eine
Aktion, die nicht mit Ellermann abgesprochen war?

Plötzlich hörte Claus eine Stimme neben sich. »Die Produktion ist die heilige Kuh hier, stimmt's?«

Claus drehte sich um und erkannte Jenny Donat, die
Marketingassistentin. Unwillkürlich musste er lächeln. »Das
haben Sie schon richtig erkannt. Die Produktion ist die zentrale Abteilung in diesem Unternehmen. Und auf Veränderungen wird hier verständlicherweise empfindlich reagiert.«
Claus musste sich schon etwas überwinden, um Verständnis
für dieses Pamphlet am Schwarzen Brett zu signalisieren.
Aber schließlich war eine junge Marketingassistentin keine

Gesprächspartnerin, um sich mit ihm über Differenzen zu unterhalten, die er mit seinen Managern oder dem Betriebsrat hatte. Doch scheinbar war sie sowieso schon eingeweiht in den ganzen Klatsch und Tratsch.

»Nicht alle denken so«, sagte Jenny. »Ich habe schon mit ein paar Leuten gesprochen, die auch der Meinung sind, dass sich etwas ändern muss.«

»Tatsächlich?«, fragte Claus interessiert. »Zum Beispiel?«

»Zum Beispiel muss Internetzugang für jeden Mitarbeiter eine Selbstverständlichkeit werden«, sagte Jenny und lachte. »Nein, nehmen Sie mich nicht so ernst... Aber auch solche Dinge wie Stechuhren. Das ist doch out, zumindest für uns jüngere Mitarbeiter. Ich komme mir immer reichlich blöde vor, wenn ich meine Karte da reinschiebe. Ich habe Spaß an meiner Arbeit und hocke oft genug freiwillig bis abends da, aber dass man mich so kontrolliert, finde ich ziemlich abartig.«

»So habe ich das nie gesehen – ich bin wahrscheinlich schon zu sehr gewöhnt an diese Stechuhren«, gab Claus zu. »Aber würden die Leute es nicht ausnutzen, wenn ich die Dinger abschaffen würde?«

Jenny Donat grinste. »Glaube ich nicht. Niemand enttäuscht gerne das Vertrauen, das einem entgegengebracht wird. Schöne Krawatte übrigens, echt cool!«

»Oh, danke.« Dieses Mal war es fast an Claus zu erröten. Ganz schön frech, die Neue. Andere würden nicht mal wagen, ihn anzusprechen, geschweige denn, ihm Verbesserungsvorschläge zu unterbreiten oder gar seine Krawatte zu kommentieren.

In diesem Moment kamen zwei Mitarbeiterinnen aus der

Buchhaltung vorbei. Hastig fuhr Claus fort, das Plakat auf-
zurollen. »Nicht unterkriegen lassen!«, zischte ihm Jenny
mit einem verschwörerischen Grinsen zu. »Sie werden's
schon schaffen!« Dann schlenderte sie pfeifend den Gang
hinunter.

Ich hoffe nur, dass sie Recht hat, dachte Claus. Er klemmte
sich das Plakat unter den Arm und kehrte in sein Büro
zurück. Es war ihm egal, ob Jenny Assistentin war oder
nicht. Er wünschte sich, mehr Mitarbeiter würden sich so
mutig der Zukunft zuwenden.

Als er heimkam, begrüßte ihn Christiane abwesend. Sie war
ausgehfertig, perfekt geschminkt und sah hübsch aus in
ihrem dunkelroten Kostüm und dem Halstuch von Hermès.
Claus bekam einen beiläufigen Kuss auf die Wange. »Ich
muss weg, mein Kurs fängt gleich an. Marc schläft heute bei
einem Freund«, sagte sie. »Wir haben schon gegessen, deine
Portion steht im Kühlschrank!«

»Was für ein Kurs?«, fragte Claus verdutzt.

»Erzähle ich dir später.«

Im Kühlschrank stand ein Kotelett, an dem das abge-
kühlte Bratfett eine weißliche Schicht gebildet hatte, und ein
leicht eingetrockneter Rucolasalat. Claus zuckte die Ach-
seln und warf das Kotelett in die Mikrowelle. Er fragte sich,
was schief lief zwischen Christiane und ihm. War das jetzt
die Experimentierphase, die Yvonne vorhergesagt hatte? War
sie frustriert? Und wenn ja, weswegen? Vielleicht sollte er
noch hartnäckiger versuchen, mit ihr zu reden. Aber wann?
Morgen war er zu einem Essen mit einem Kunden verabredet, dann flog er wieder nach Amerika, und am Wochenende

musste er eine Präsentation vorbereiten. Schließlich lief das Ultimatum der Bank unbarmherzig ab, und bis jetzt hatte er nur eine vage Ahnung, was er ändern musste, geschweige denn einen ausgearbeiteten Businessplan für die nächsten Jahre…

Christiane duldete nicht, dass die Familie vor dem Fernseher aß, und im Gegensatz zu ihrem Mann hasste sie Unterhaltungsserien. Aber schließlich war sie heute nicht da. Claus schob eine alte Videoaufnahme seiner früheren Lieblingssoap »Dallas« in den Rekorder und schnitt das Kotelett an.

Später versuchte er, Yvonne zu erreichen, aber sie war wieder nicht da. Seine E-Mail war auch nie beantwortet worden. Claus fluchte leise. Die geheimnisvolle Frau war ihm als Gesprächspartnerin immer wichtiger geworden. Und er brannte auf die nächste Erkenntnis.

Der nächste Tag begann schlecht. Claus stellte fest, dass sein Onkel mal wieder die Post entführt hatte, und stampfte wutschnaubend hoch in den dritten Stock. Dort wurde er kühl empfangen. »Ich mache das«, rief sein Onkel und wollte den Brief, den er gerade in der Hand hielt, nicht loslassen. »Du richtest die Firma zugrunde, Junge! Mit Betriebswirtschaft hat das nichts mehr zu tun, was du vorhast!«

»Das ist genau der Punkt«, knurrte Claus. Er hatte keine Lust, sich am frühen Morgen auf eine Diskussion einzulassen. »Später. Tut mir leid, aber jetzt habe ich gerade ziemlich viel zu tun.«

Vermutlich hetzte der Alte hinter seinem Rücken das gesamte Management noch weiter gegen ihn auf. Aber ihm fiel nicht ein, was er dagegen unternehmen konnte – außer, seine Führungsmannschaft über die Entwicklungen auf dem Laufenden zu halten und sie einzubeziehen. Sobald er die nächste Erkenntnis hatte, würde er sie ihnen vorstellen. Vielleicht schaffte er es ja doch noch, etwas Aufbruchstimmung in ihnen zu entfachen.

Auch sein Telefonat mit Jack brachte nicht den Durchbruch, den er sich erhofft hatte. »Du weißt, dass ich auf deiner Seite stehe, Kumpel«, sagte Jack. »Die Idee, mit deiner Firma ein Joint Venture oder so was zu machen, gefällt mir immer noch gut. Aber ich muss das meinen Leuten verklickern. Entscheidungsprozesse, du weißt schon. Gib mir noch ein oder zwei Wochen, okay? Wie geht's mit Christiane?«

»Wie immer«, sagte Claus. »Wir sehen uns in letzter Zeit selten. Wir haben beide viel zu tun.«

»Na ja, schöne Grüße an sie, und an Marc auch. Halt mich auf dem Laufenden, wie es bei dir weitergeht, okay?«

Das Einzige, was ihn an diesem Tag aufheiterte, war, dass Mona Talbach es endlich geschafft hatte, Yvonne zu erreichen. Sie stellte das Gespräch in sein Büro.

»Ich bin gerade in Singapur«, tönte es fröhlich durch den Hörer.

»Meine Güte, was machen Sie denn da!«

»Hm, dies und das. Tolle Motive für meine Bilder gibt es hier. Aber Sie rufen sicher nicht an, um mich nach meinen Eindrücken von Asien zu fragen – oder?«

»Ich würde gerne mit Ihnen über die nächste Erkenntnis sprechen. Wann sind Sie denn wieder im Lande?«

»Übermorgen. Meine Güte, Sie sind ja richtig motiviert. Wann und wo treffen wir uns?«

»Wie wär's am Tag nach Ihrer Rückkehr? Wenn wir schon bei Asien sind – was halten Sie von einem der japanischen Restaurants in der Kölner Innenstadt?«

»Geht in Ordnung!«

Claus grinste, als er Yvonne in das Restaurant kommen sah. Sie war nach Geisha-Art geschminkt und trug einen Kimono mit einer Stickerei aus gefährlich aussehenden Drachen. Breit lächelnd führten die Kellner sie an ihren Tisch. Elegant verbeugte sich die Seelenmalerin vor Claus. »Sei gegrüßt, Berning-san!«

»Ich wusste gar nicht, dass man in Singapur auch Kimonos trägt«, sagte Claus amüsiert.

»Man trägt sie dort nicht, aber man kann sie kaufen. In allen Größen und Stoffen«, erwiderte Yvonne fröhlich und setzte sich mit gekreuzten Beinen auf die Tatami-Matten. Auf dem niedrigen Tischchen standen schon Grüner Tee und Sake bereit. »Wollen wir nicht endlich mal zum Du übergehen?«, fragte Claus.

»Aber gerne«, sagte Yvonne, und sie prosteten sich mit einem winzigen Schälchen Sake zu. »Wie geht's in der Firma?«

»Schlecht«, sagte er und erzählte ihr von dem Plakat.

Yvonne nickte. »Vielleicht ist es ganz gut, dass die Erkenntnis, die ich dir heute vermitteln will, mit den Mitarbeitern zu tun hat. Aber ich fürchte, dafür muss ich erst ein bisschen ausholen …«

Nach Yvonnes Überzeugung würde es in zehn Jahren keine Old, New oder True Economy mehr geben, sondern nur noch eine Human Economy.

> ➤ **Wir** verabschieden uns von der Old, New oder True Economy und treten ein in das Zeitalter der Human Economy.

Auch das Schlagwort von der Wissensgesellschaft griff sie noch einmal auf. »Geld«, so erklärte sie, »wird in Zukunft nicht mehr mit Produkten verdient, sondern mit Wissen und Dienstleistungen.« Damit hatte auch die Fließband-Massenproduktion nach den Prinzipien Frederick Taylors mit ihren stupiden Arbeitsformen ausgedient. »Frederick Winslow Taylor hat vor rund einhundert Jahren den Menschen als Erfolgsfaktor abgeschafft«, erklärte Yvonne. »Er hat damit die Chance vertan, den Menschen in den Mittelpunkt zu stellen, und wusste nicht einmal, wie fatal das war! In Zukunft ist das Kerngeschäft der Mensch, er wird zum Erfolgsfaktor zukunftsorientierter Unternehmen. Damit werden auch die menschlichen Fähigkeiten wie Zuverlässigkeit, Vertrauen und Authentizität wiederentdeckt.«

»Das wird mir im Firmenalltag auch immer stärker klar – ohne Vertrauen geht nichts«, meinte Claus und bestellte als Vorspeise Sushi mit Avocado und als Hauptspeise Sashimi. Yvonne ratterte einige japanische Begriffe herunter, während der Kellner eifrig nickte. »Was hast du bestellt?«, fragte Claus neugierig.

»Wirst du gleich sehen«, wiegelte Yvonne ab und wechselte das Thema: »Wer sollte deiner Meinung nach im Mittelpunkt eines Unternehmens stehen?«

»Hm, der Kunde, würde ich sagen.«

»Kannst du zwar machen, aber viel besser ist es, den Mitarbeiter an erste Stelle zu setzen. Denn begeisterte Mitarbeiter schaffen fast automatisch auch begeisterte Kunden.«

> **B**egeisterte Mitarbeiter schaffen begeisterte Kunden.

»Meine Mitarbeiter zu begeistern ist leicht«, sagte Claus ironisch. »Ich müsste ihnen nur zwei Wochen mehr Urlaub und das doppelte Gehalt bieten.«

Yvonne schüttelte den Kopf. »Du erreichst viel mehr Enthusiasmus, wenn du versuchst, nach und nach Arbeitszeit und Freizeit miteinander zu verschmelzen, sodass deine Mitarbeiter sich praktisch in der Firma genauso wohl fühlen wie außerhalb. Wenn du dann noch den Ehrgeiz deiner Leute weckst, dann hast du eine völlig neue Form der Motivation geschaffen. Das ist gar nicht so schwer: Jeder will siegen, ob auf dem Fußballplatz oder in der Firma.«

»Das ist wahr«, gab Claus zu.

Ihre Vorspeisen wurden gebracht. Interessiert blickte Claus auf das, was auf Yvonnes Teller lag: kleine Garnelen komplett mit Schale, Fühlern und Scheren und daneben ein paar Scheibchen, die wie Kartoffelchips aussahen. »Hmmm«, sagte Yvonne, klemmte eine der Garnelen zwischen ihre Essstäbchen und schob sie sich in den Mund. »Die getrockneten Scheiben sind Ingwer. Probier doch mal.«

Der Ingwer war wirklich köstlich, aber die Garnelen zu probieren, lehnte Claus dankend ab – da hielt er sich lieber an sein Sushi. »Okay, Yvonne, wie heißt denn jetzt die vierte Erkenntnis?«

»Sie heißt: Copyright des Wissens. In der Wissensgesellschaft solltest du dein Unternehmen nicht mehr als Ort verstehen, an dem vor allem produziert und verkauft wird, sondern als Denkfabrik. Gleichzeitig gilt es, deine Mitarbeiter mit anderen Augen zu sehen. Über das alte Modell haben wir ja schon mal gesprochen: Die Entscheidung trifft der Chef, die Mitarbeiter sind willige Umsetzer. Das ist immer noch die Einstellung vieler Führungskräfte. Sie pochen auf ihre Macht. Nur wird in der neuen Ära immer weniger von einer Person bestimmt werden können.«

»Nun, das ist ja offensichtlich«, warf Claus ein, »denn letzten Endes geht es immer mehr um Teams. Allerdings sehe ich das ziemlich kritisch. Ich habe oft genug erlebt, dass Einzelne nicht teamfähig waren oder keine Lust hatten, in einem Team zu arbeiten.«

»Du bist damit, dass du nicht mehr in Richtung Einzelkämpfertum denkst, genau auf dem richtigen Weg, Claus«, meinte Yvonne unbeirrt. »Starten wir durch und betrachten die Erkenntnis Copyright des Wissens einmal näher. Wir tragen permanent einen fantastischen Großcomputer im Kopf mit uns herum, aber der allergrößte Teil unserer Fähigkeiten liegt brach. Viele Leute verbringen acht Stunden am Tag und mehr damit, ihren Beruf auszuüben, ohne sich jemals zu fragen, wo ihre Fähigkeiten denn wirklich liegen. Das liegt auch daran, dass in der Schule kaum ein solches Herangehen gelernt wird, stattdessen wird den Kindern rein kausales Denken antrainiert.«

»Ja, aber die Welt funktioniert nun mal kausal«, wandte Claus ein.

»Nicht ganz. Beim Thema Netzwerk hatte ich dir ja schon erklärt, dass wir lernen müssen, wie wir komplexer denken. Es gibt nie nur einen Weg und eine Antwort. Es ist immer ein vernetztes System mehrerer Alternativen. Aber zurück zum neuen Kerngeschäft, dem Menschen… Wir werden erleben, dass praktisch alle Ressourcen frei verfügbar sind mit Ausnahme einer einzigen: dem Talent. Ein einzelner Mensch kann bereits zum wichtigsten Aktivposten eines Unternehmens werden, wenn er über die Kreativität verfügt, bahnbrechende Erfindungen zu machen. Denn das immaterielle Zeitalter, in das wir uns hineinbewegen, lebt von Ideen.«

> **Talent wird zur wichtigsten Ressource.**

»Stichwort: ›Krieg um Köpfe‹«, seufzte Claus.

»Diese Entwicklung ist sicherlich für ein Unternehmen wie deines, das klassisch produziert, erst einmal schwierig nachzuvollziehen.«

»Sagst du! Ich versuche zurzeit, einen jungen, fähigen Koordinator für das Produktionsnetzwerk zu finden, das ich aufbauen möchte. Da merkt man schnell, wie schwer es ist, gute Leute zu bekommen!«

»Die vierte Erkenntnis heißt auch: Schaffe geistiges Eigentum. In Zukunft ist ein Unternehmen dann am erfolgreichsten, wenn es nichts mehr selbst produziert, sondern sich darauf konzentriert, geistiges Eigentum zu verleihen.«

»Jetzt verstehe ich«, sagte Claus, »du meinst, man sollte darauf achten, Lizenzen und Patente zu bekommen.«

> **Welche Copyrights des Wissens besitzt Ihre Firma?**

»Ja, aber das geht noch weiter«, antwortete Yvonne, »das ist erst der Anfang. Der Wettbewerb, der jetzt stattfindet, ist ein Wettbewerb um immaterielles Eigentum, das vertraglich abgesichert wird. Damit sind nicht nur Patente und Lizenzen gemeint, sondern auch Nutzungsrechte, Marken und Copy-rights, die vergeben werden – praktisch alle Rechte, das geistige Eigentum benutzen zu können, dessen Inhaber du bist. Besitzt du Know-how auf einem ganz bestimmten Spezialgebiet, hast du eine Möglichkeit, dich risikolos zu multiplizieren.«

»Wenn es nicht mehr um materielle Produkte geht, könnte ich meine Lagerkosten streichen«, überlegte Claus. »Kannst du mir bitte mal ein Beispiel für diese neue Art des Wirtschaftens geben? So ganz verstanden habe ich es noch nicht, glaube ich.«

»Denk nur daran, wie stark die Zahl der Franchise-Systeme in letzter Zeit gewachsen ist – und solche Systeme funktionieren ja über geistiges Eigentum, nämlich ein bestimmtes Konzept, das über Multiplikatoren professionell vermarktet wird.«

»Stimmt. Man sieht Franchises inzwischen überall.«

»Das Gute an diesen neuen Geschäftsmodellen ist: Mit Wissen kann man viel Geld verdienen. Während sich viele Firmen heute freuen, dass sie zehn Prozent Gewinnspanne haben, wird es in der neuen Ära umgekehrt sein. Das heißt, neunzig Prozent realistische Gewinnerwartung und zehn Prozent Kosten. Man muss nur der Besitzer seines immateriellen Eigentums sein, eines Knowledge-Paketes, das vom Markt gesucht wird.«

> **In der Zukunftsfirma heißt die Formel:**
> **90 Prozent Gewinn – 10 Prozent Kosten.**

Claus war ganz recht, dass in diesem Moment ihr Hauptgericht kam. Yvonne hatte ihm mal wieder jede Menge Stoff zum Nachdenken geliefert, er musste das buchstäblich erst einmal geistig verdauen. Genüsslich machte sich Yvonne über ihr Essen her, das im Wesentlichen aus weißen und braunen, glitschig wirkenden Blöcken und kleinen Fischchen in Sojasauce bestand.

»Was sind das für Blöcke?«, fragte Claus fasziniert.

»Hauptsächlich Stärke, die aus Azukibohnen gewonnen wird, und Tofu«, meinte Yvonne. »Es sind sehr subtile Geschmacksnoten, die sich hier auf der Zunge entfalten.«

»Ich glaube, mir ist mein roher Fisch lieber«, sagte Claus.

Nachdem er eine Weile schweigend gegessen und nachgedacht hatte, meinte er: »Tut mir leid, aber jetzt bin ich völlig durcheinander. Dass ich meine Fabrik am besten zumachen sollte, hast du mir ja schon mal nahe gelegt. Aber was soll ich überhaupt anbieten?«

»Die Lösung darauf wirst du schon finden. Du musst nur in dich gehen und dir die Frage stellen, über welches Knowhow du verfügst, das es wert ist, multipliziert zu werden.«

»Normalerweise sagen einem Unternehmensberater gerne, was man tun muss«, stöhnte Claus. »Das finde ich wesentlich einfacher!«

»Erstens bin ich keine normale Unternehmensberaterin, und außerdem habe ich nie behauptet, dass es einfach werden würde«, sagte Yvonne gelassen. »Meine Aufgabe war nur, dich zum Nachdenken und Neu-denken zu bringen.«

»Hm, du bist auf dem besten Weg. Kannst du mir noch etwas über diesen neuen Typus von Firma erzählen, der entsteht?«

»Aber gerne. Es sind Menschen und Firmen, die offensichtlich über eine Fähigkeit verfügen, nämlich Neues zu schaffen. Die allerdings durchaus auch eine gelenkte Kreativität haben und damit nicht blind in die Welt hineinforschen. Es sind diese Denkfabriken, diese Think-tanks, durch die wir mehr und mehr erkennen können, wie mit Wissen Geld verdient werden kann.«

»Aber dafür brauchst du eben ausgesprochen kreative Leute, und die sind bekanntlich Mangelware.«

»Ich fürchte, ich muss dich noch mal schocken«, sagte Yvonne, »Mitarbeiter im eigentlichen Sinne werden wir zukünftig im Unternehmen immer weniger brauchen. Inzwischen ist es genauso leicht und preiswert, mit Menschen außerhalb der eigenen Organisation zusammenzuarbeiten wie mit Kollegen in der gleichen Firma. Das wird auch die hierarchische Struktur der Organisationen zerstören, denn Hierarchie ist nun mal Blödsinn in vernetzten Systemen.«

> **In vernetzten Systemen funktionieren Hierarchien nicht.**

»Vielleicht könnten wir in der Verwaltung mehr mit Freiberuflern zusammenarbeiten«, sagte Claus nachdenklich.

»Eine amerikanische Softwarefirma hat einmal an einem Tag alle Mitarbeiter entlassen. Du weißt, das geht in den USA. Alle waren schockiert. Die Firma hat sie dann aber am darauf folgenden Tag alle wieder eingestellt. Sie wollte nur demonstrieren, wie schnelllebig heute die Zeit ist zwischen Erfolg und Misserfolg.«

»Meine Güte! Wenn ich so etwas bei uns machen würde –

mal angenommen, das wäre in Deutschland überhaupt möglich –, wäre der Teufel los – und zu Recht!«

»Ja, die Aktion war dramatisch – aber sie hatte einen sehr
realistischen Hintergrund. Wir brauchen keine Mitarbeiter
mehr, sondern Mit-Unternehmer, die selbstständig, eigen-
initiativ und kreativ im Sinne des Unternehmens handeln.«

> **D**ie Zukunftsfirma sucht nicht nach Mitarbeitern,
> sondern nach Mit-Unternehmern.

»Aber sicher will nicht jeder Mit-Unternehmer werden«,
sagte Claus skeptisch. »Viele werden das Konzept als Provo-
kation empfinden.«

»Ich fürchte auch. Ich bin überzeugt, dass wir hier ein völlig neues Ausbildungsprogramm brauchen. Oder Schulen,
die es in dieser Form noch nicht gibt. Aber zurück zu dem
neuen Typus Mitarbeiter: Ich habe lange überlegt, wie ich
ihn nennen soll und habe ihn einmal Mind-Worker getauft.
Es sind schließlich Menschen, die nur durch ihre Art, ihre
geistigen Fähigkeiten zu aktivieren, ihr Geld verdienen. Das
wird ein bestimmter Typus sein, der sehr gesucht und dessen
Talent hoch bezahlt werden wird.«

»Ein paar solcher Leute haben wir auch schon, glaube ich
– aber nicht viele«, meinte Claus nachdenklich.

»Es wird einen Wettbewerb der Knowledge-Worker
geben«, fuhr Yvonne fort. »Je interessanter ihr Wissen ist,
desto erfolgreicher werden sie sein.«

»Noch mal zurück zu dem Geschäftsmodell«, beharrte
Claus. »Beschreib das bitte genauer.«

»Eine Firma besteht letzten Endes nur noch aus einer großen Denkfabrik, die alles andere ausgelagert hat. Sie ist auch kein Dienstleister mehr, weil sie die Umsetzung konsequent anderen überlässt und nur noch festlegt, welche Form der Multiplikation die geeignete ist.«

»Okay, ich habe verstanden, dass es meiner Firma am besten gehen wird, wenn ich keine Produktspezialisierung mehr besitze, sondern eine Ideenspezialisierung«, sagte Claus.

> **Ideenspezialisierung statt Produktspezialisierung.**

»Das nehme ich aus unserem Gespräch mit, Yvonne: Ich werde mir überlegen, welche konkurrenzlosen Ideen ich schaffen kann. Und wie ich meine Mitarbeiter anders behandeln und motivieren kann, als Mit-Unternehmer.«

Darauf stießen sie an.

Claus' Erkenntnis-Tagebuch: Im Grunde genommen haben wir keine Mitarbeiter mehr, sondern Mit-Unternehmer, Wissensbanken, Talente und Innovatoren in unseren Firmen – wenn wir es richtig verstehen. Auch diese Erkenntnis hat weitreichende, ja revolutionäre Konsequenzen!

Zum ersten Mal seit Beginn der industriellen Revolution ist das Kerngeschäft der Mensch. Seine Ideen, seine Intuition und sein Engagement entscheiden über den Erfolg in der Zukunft. Allerdings wird es nicht so viele talentierte Leute geben, wie die neue Wirtschaft sie braucht. Die meisten Unternehmen sind auf diesen Krieg der Talente überhaupt nicht vorbereitet. Zu sehr zählen immer noch Produktstrategien oder Globalisierungskonzepte.

Durch die Unternehmen neuen Typs, die Denkfabriken, entsteht auch ein neuer Typ von Mitarbeiter, der Mind-Worker. Durch die

Ideen dieser Mitarbeiter entstehen Patente, Lizenzen, Rechte, Trademarks und Copyrights, die vermietet, geleast oder für eine bestimmte Laufzeit genutzt werden können. Die Gewinnchancen sind dramatisch. Die Vertriebsform über Partnersysteme oder Franchisekonzepte ist wirkungsvoll.

Geistiges Eigentum wird fantastische Wachstumschancen für die neue Business-Elite ermöglichen!

Am nächsten Tag wandten sich seine Schritte fast schon automatisch in Richtung Marketingabteilung. Als er da war, wusste er auch, was er dort wollte.

Jenny saß an ihrem Terminal und hackte wieder einmal konzentriert auf die Tasten ein. Meine vielleicht einzige echte Mind-Workerin, dachte Claus fröhlich. »He, Frau Donat! Ich gehe gerade einen Happen essen, kommen Sie mit?«

Jenny schaute sich um, ob der Chef tatsächlich sie angesprochen hatte. Aber es war niemand in der Nähe, den er sonst gemeint haben könnte. Sie errötete leicht, was ihr wirklich gut stand, schaute dann auf die Uhr. »Was, schon eins? Ich vergesse immer zu essen. Klar, ich komme gern mit.« Und schon hatte sie sich ihre Jacke um die Schultern gelegt. Claus musste lächeln. Normalerweise machte es niemand von der Uhrzeit abhängig, ob er zum Essen mitging, wenn Claus dazu einlud.

In der Kantine setzten sie sich an einen der Vierertische. Es war schon recht leer in dem Saal. Nur ein Dutzend Mitarbeiter saßen noch hier, ein orangefarbenes Tablett vor sich. Neugierig schielten sie zum Eingang: Der Chef geht mit der neuen Assistentin aus dem Marketing essen …?

Claus holte sich eine Portion Champignonpfanne, Jenny Donat begnügte sich mit einem Schinkensandwich.

»Wie geht's Ihnen?«, fragte Jenny. Ihre Unsicherheit schien verflogen. Herzhaft biss sie in ihr Sandwich. »Haben Sie das Löwenrudel inzwischen gezähmt?«

»Was meinen *Sie*? Habe ich es geschafft? Sie hören mehr als ich darüber, was die Leute so sagen.«

»Ach, ich habe mich nur mit ein paar Leuten angefreundet, wir mailen ein bisschen hin und her. So bekommt man ein wenig mit.«

»Schluckt das nicht wahnsinnig viel Zeit?«, fragte Claus.

»Ach wo. Ich gebe ein paar Sätze ein, drücke auf den Send-Button und weg ist die Mail. Drei Minuten, wenn's hoch kommt. Mailen Sie nicht?«

»Meine Sekretärin macht das für mich. Sie druckt mir meine Mails aus«, musste Claus zugeben. Jenny verschluckte sich an ihrem Sandwich. Claus nickte. Es war ihm wirklich etwas peinlich. »Ja, ja, ich weiß schon, was Sie sagen wollen. Es ist eigentlich lächerlich. Ich glaube, in Zukunft bearbeite ich meine Mails einfach selber.«

»Geht wirklich schneller. Ehrlich. Natürlich kann es Ihnen passieren, dass Sie stattdessen in einer E-Mail-Flut versinken. Dann leiten Sie die Sachen, die Sie nicht selbst bearbeiten wollen, einfach an Ihre Frau Talbach weiter. Wieder nur ein Klick.«

»Klingt vernünftig. Aber Sie haben abgelenkt. Was sagen die Leute so über das, was ich vorhabe?«

»Hm, ich glaube, es ist ein bisschen differenzierter geworden. Jetzt kommt das Wort ›Zukunft‹ sogar ab und zu vor. Aber der Tenor ist immer noch ziemlich mies.«

»Glauben Sie immer noch, dass ich es schaffen werde – gegen die alte Garde anzukommen?«

Jenny schwieg lange. Zögernd sagte sie schließlich: »Die sind ganz schön stark. Ich glaube, das habe ich ein bisschen unterschätzt.«

»Soso, jetzt muss ich mich selber aufmuntern«, lächelte Claus. »Aber mir hilft, dass mir jemand, der es eigentlich wissen sollte, prophezeit hat, dass ich als Phönix aus der Asche aufsteigen werde.«

»Eine Wahrsagerin?« Jenny lachte.

»Nein, eine Seelenmalerin. Aber sie behauptet trotzdem, dass sie es weiß.«

»Praktisch«, sagte Jenny und biss von ihrem Sandwich ab.
»Ich würde Ihnen gerne helfen. Ich gehöre zwar nicht zum Management, aber ich könnte schon eine ganze Menge machen. Zum Beispiel ein paar nette Gegengerüchte streuen. Gute Stimmung machen. Die Leute zum Nachdenken bringen – sie können sich ja nicht ewig weigern zu sehen, in welche Richtung sich die Wirtschaft entwickelt. Hey, schließlich bin ich nicht umsonst im Marketing!«

In diesem Moment zupfte jemand Claus am Arm. Claus blickte in das erwartungsvolle Gesicht seines Sohnes. »Papa! Mama hat gesagt, du sollst heute Nachmittag auf mich aufpassen. Ich war schon bei Frau Talbach. Kann ich ein paar Kekse haben?«

Gerade wollte Claus verneinen, da kramte Jenny aus ihrer Tasche ein paar Butterkekse heraus. »Isst du die Dinger etwa auch so gerne wie ich?«, lachte sie.

Fasziniert blickte Marc sie an. »Klar. Hallo. Wer sind Sie? Eine Freundin von Papa?«

»Hm, ja. Ich heiße Jenny. Und du heißt Marc. Das hat mir jemand geflüstert.«

Claus aß seine Champignonpfanne zu Ende und brachte das Tablett weg. »Sorry«, sagte er zu Jenny. »Ich muss Marc schnell zurückbringen, dann habe ich auch schon wieder einen Termin beim Betriebsrat …«

»Schon okay. Bis demnächst mal … und viel Glück …«

»Ciao«, rief Marc und winkte.

Frank Ellermann hatte ein ernstes Gesicht aufgesetzt. »Kommen Sie rein. Kaffee? Wasser?«

Claus beobachtete ihn, wie er den Kaffee selbst einschenkte, und dachte: Kein Wunder, dass mein Onkel immer gut mit ihm klargekommen ist. Das sind zwei Männer vom selben Schlag, obwohl der eine Fabrikant ist und der andere sich hochgedient hat. Wider Willen spürte er Respekt für den Älteren. Doch fühlte Ellermann einen ähnlichen Respekt für ihn?

»Haben Sie inzwischen irgendwelche Details für mich?«, fragte Ellermann. »Die Leute sind nervös, verunsichert. Sie wissen doch sicher, wie schlimm es ist, in einer solchen Ungewissheit weiterarbeiten zu müssen.«

»Ja, das weiß ich. Aber mit konkreten Einzelheiten kann ich Ihnen noch nicht dienen. Wir sind einfach noch nicht so weit, wir sind noch dabei, die groben Umrisse einer zukünftigen Firma zu skizzieren.«

»Na, dann skizzieren Sie mal. Aber vergessen Sie dabei die Menschen nicht.«

»Glauben Sie mir, ich habe nicht vor, die Produktionsmannschaft einfach so an die Luft zu setzen. Allerdings muss ich zugeben, dass ich über einige Frühpensionierungen nachgedacht habe.«

»Bei den Produktionsteams?«

»Ich muss Sie leider enttäuschen. Nein, ich rede von unserem Management. Wir sind im Moment in einer Situation, in der Erfahrung nicht mehr alles ist. Dafür ändern sich die Spielregeln einfach zu grundlegend.«

»Im Management!« Ellermann lehnte sich mit einem halben Lächeln zurück. »Können Sie auch konkreter werden?«

»Nein, tut mir leid«, sagte Claus. »Aber es werden auch neue Arbeitsplätze entstehen. Zurzeit suche ich zum Beispiel jemanden, der koordinieren kann und sich mit Lieferketten auskennt, jemand, der auch schon erste Managementerfahrungen hat. Er oder sie wird dafür verantwortlich sein, ein zukünftiges Netzwerk zu koordinieren. Glauben Sie, dass es bei uns so jemanden gibt, den man fördern könnte?«

»Ich schaue mich mal um«, sagte Ellermann, ohne sich anmerken zu lassen, was er dachte.

»Außerdem wollte ich noch etwas anderes mit Ihnen besprechen«, fuhr Claus fort. »Ich denke darüber nach, die Stechuhren abzuschaffen.«

Verblüfft zupfte Ellermann an seinem Schlips. »Sie wollen *was*?«

»Ich will nicht der Wärter meiner Angestellten sein. Ich will, dass sie eigenverantwortlich handeln und sich als Mit-Unternehmer fühlen. Die erste Maßnahme wäre die Abschaffung der Stechuhren. Eine Kollegin hat mich darauf gebracht.«

»Sie wollen also Vertrauensarbeitszeit einführen. Hm, haben Sie sich schon mit anderen Unternehmen über deren Erfahrungen damit ausgetauscht?«

»Noch nicht. Bevor ich die Personalabteilung damit beauftrage, wollte ich Ihre Meinung dazu hören.«

»Ich glaube, dass es eine zwiespältige Sache ist. Tatsache ist, dass die Angestellten in vielen Unternehmen, in denen Vertrauensarbeitszeit eingeführt wurde, mehr arbeiten und für sich selbst Buch führen über ihre Stunden, um eine Rechtfertigung zu haben, wenn sie mal freinehmen. Aber ich halte es trotzdem für keine schlechte Sache. Ich gebe Ihnen Recht: Es ist auch eine Form von Anerkennung für die Mitarbeiter, wenn man auf die Kontrolle verzichtet. Es ist eine interessante Geste.« Erstaunt sah Claus, dass Ellermann fast schon lächelte. »Ihr Onkel hätte so etwas nie auch nur gedacht. Aber seien Sie vorsichtig, Herr Berning! Ein falscher Schritt, und Sie könnten alles zerstören, was Ihre Eltern und Großeltern aufgebaut haben.«

»Ich könnte es aber auch dadurch zerstören, dass ich nichts tue und so weitermache wie bisher«, sagte Claus sanft.

Als Nächstes stand ihm ein Meeting mit seinem Management bevor – er hatte es einberufen, um seinen Leuten die letzten beiden Erkenntnisse weiterzugeben. Mit einem skeptischen Nicken quittierten seine Leute das, was er ihnen erklärte. Verdammt, Yvonne hätte das viel besser deutlich gemacht!, dachte Claus. Doch die Zwischenfragen und Bemerkungen machten ihm Mut, sie zeigten wenigstens einen Funken von Interesse. »Mir wäre es ganz recht, wenn die Leute ein bisschen selbstständiger arbeiteten«, sagte Richard Ulrich. »Aber was machen wir, wenn sie sich dann allein gelassen fühlen? Orientierungslos?«

Claus musste lächeln. »Machen Sie einfach deutlich, dass Sie jederzeit Ansprechpartner für Fragen und Probleme sind. Helfen Sie Ihren Leuten bei den Entscheidungen, aber nehmen Sie sie ihnen nicht ab.«

»Ich finde das wirklich eine gute Idee«, sagte Martina Jenkins, eine Key Account Managerin in Claus' Alter. Sie hatte in London ihren MBA gemacht, einen Engländer geheiratet und sich nach einem Jahr wieder scheiden lassen. Bei der Berning GmbH war sie seit fünf Jahren. »In einigen anderen Unternehmen machen sie so etwas schon längst.«

Zum Glück war Marc in dieser Zeit mit dem Lego Mindstorm-Set, das Claus in seinem Büro deponiert hatte, beschäftigt. Er war so vertieft in die Arbeit an einem kleinen Roboter, dass er kaum aufblickte, als sein Vater hereinkam. Mit halbwegs gutem Gewissen verschwand Claus in sein Büro.

Erst wollte er ein Memo an alle seine Angestellten diktieren. Doch nach drei Ansätzen spulte er das Band wieder zurück und stand auf. Das war einfach nicht der richtige Weg. Solchen Formulierungen, wie er sie gerade über die Lippen gebracht hatte, über den Wert der Mitarbeiter für die Firma, Eigenverantwortung und all das, vertraute heutzutage niemand mehr. Das waren Phrasen, die man schon zu oft in Sonntagsreden gehört hatte. Er musste mit den Leuten sprechen. Vor Ort.

Den ganzen restlichen Tag verbrachte Claus damit, durch die Verwaltungsgebäude und die Produktionshallen zu gehen – allein, ohne eine seiner Führungskräfte mitzunehmen. Er fragte nach. »Was, glauben Sie, müsste man hier ändern?« – »Was würden Sie davon halten, wenn wir die Stechuhren abschaffen und Sie mehr Verantwortung bekommen würden?« – »Wie würden Sie es finden, wenn wir in Zukunft ganze Systeme bauen würden, statt nur einzelne Teile herzustellen?«

Zunächst begegnete man ihm mit Misstrauen. Claus spürte die Skepsis, die Vorsicht. Doch nach und nach tauten die Leute auf, als sie merkten, dass er ihnen aufmerksam zuhörte. Und die Idee, in Zukunft selbstständiger entscheiden zu dürfen, weniger kontrolliert zu werden, kam überall gut an. Als Claus in sein Büro zurückkehrte, war er müde, aber er hatte das Gefühl, den Kontakt zu seinen Leuten erneuert zu haben. Jetzt würde es leichter sein, die Weichen für den Wandel zu stellen.

Zu seinem Erstaunen fand Claus auf seinem Schreibtisch eine Mail vor. Seine Manager fragten an, ob er ihnen einen Coach besorgen könnte, der ihnen half, die neuen Prinzipien umzusetzen.

Claus lachte laut heraus. Überrascht steckte Mona Talbach den Kopf durch die Tür. »Gute Nachrichten?«

»Wissen Sie was, Frau Talbach?«, fragte Claus. »Gerade habe ich zum ersten Mal das Gefühl, dass die Ampel auf Grün steht!«

Er ahnte nicht, was ihm noch bevorstand.

Fünfte Erkenntnis:
Changement ersetzt Management

Ein Ruck war durch die Firma gegangen – Claus konnte es förmlich spüren. Die Berning GmbH hatte ein Stück Behäbigkeit verloren und dafür frische Energie gewonnen. Er würde nie erfahren, ob Jenny irgendeinen Anteil an diesen Veränderungen hatte, doch fest stand, dass die Stimmung in der Firma besser geworden war. Claus spürte, dass die Leute langsam ihre Einstellung änderten: Sie begannen, Wandel und damit Veränderung als positiv aufzufassen und ihre Ängste etwas zu verlieren. Es gefiel den meisten, dass die Arbeitszeiten nun flexibler waren und dass neue Ideen im Gegensatz zu früher sehr ernst genommen wurden.

Auch Claus machte die Arbeit mehr Spaß. Er konnte inzwischen entspannter agieren: Ihre Liquidität war erheblich besser geworden, nachdem einige große Kunden ihre Rechnungen bezahlt und sie selbst einige günstige Leasingangebote in Anspruch genommen hatten.

Mit zwei, drei kurzfristigen Aktionen, die zum ersten Mal gemeinsam von Vertrieb und Marketing geplant und durchgeführt worden waren, bekamen sie neue Kunden und zusätzliche Umsätze. Was Claus besonders freute, war die Tatsache, dass Milan Dragovic und Margareta Henning inzwischen regelmäßig miteinander essen gingen, um neue Ideen zu besprechen. Endlich schienen sie zu spüren, dass sie Teil eines gemeinsamen Vermarktungssystems waren. Besonders Milan Dragovic machte keinen Hehl daraus, wie gut ihm der neue Kurs der Berning GmbH gefiel. Bei den Besprechungen mit Claus glänzten seine Augen, er sprudelte förmlich vor neuen Ideen. »Ich glaube, es war Zeit, die alten Hüte abzusetzen«, sagte er einmal ganz unvermittelt, als er und Claus nach einem Meeting als Letzte den Raum verließen. »Hätte nicht gedacht, dass mir der Alltagstrott noch mal so viel Spaß machen würde! Und um die verdammten Stechuhren tut's mir auch nicht leid!«

»Ja, der Alltagstrott hat kaum mehr eine Chance, uns zu vereinnahmen, weil wir uns so schnell wandeln müssen«, sagte Claus, der von der neuen Energie seines Marketingchefs sehr angetan war. Andere hatten den Übergang nicht geschafft. Stefan Herbst, sein Produktionsleiter, hatte angekündigt, er würde gerne jetzt schon in Rente gehen, um sich ganz seinem Häuschen widmen zu können, und zwei weitere Führungskräfte hatten offensichtlich ebenfalls innerlich gekündigt. Claus war schon dabei, Nachfolger für sie zu suchen.

Die Firmenbroschüre, auf die Claus bis vor kurzem stolz gewesen war, wurde eingestampft und durch eine neue ersetzt. Beim Lesen der schönen Hochglanzbroschüre war ihnen aufgefallen, wie sehr sie sich darin selbst bewunderten und wie wenig Platz für den Kunden war. Fast über Nacht wechselte die Berning GmbH die Agentur. Der neue Auftrag lautete: Wir wollen eine Firmenbroschüre, aus der für jeden Interessenten sofort klar erkennbar ist, welchen Nutzen er aus der Zusammenarbeit mit unserer Firma haben kann.

Auch der Umgangs- und Führungsstil wandelte sich langsam. Man hörte öfter einmal die Frage: Wie würden *Sie* es denn machen? Claus merkte, dass seine Manager versuchten, einen anderen Ton zu finden, keine Befehle mehr zu geben. Das schien zu wirken: Irgendwie wurde in der Firma mehr gelacht. Es erstaunte Claus auch, wie oft nun spät abends noch Licht in den Räumen brannte. Zu Anfang dachte er, jemand hätte vergessen, die Deckenlampen auszuschalten, und ging hoch in den ersten Stock. Doch dort traf er nur einen seiner älteren Mitarbeiter, der an einem Konzept feilte. »Oh, hallo Herr Adam«, sagte Claus überrascht. »Ich wollte nicht stören …«

»Bin gleich fertig«, sagte Adam und lächelte ihn abwesend an. Claus lächelte zurück und verzog sich.

Die ersten neuen Mitarbeiter, die sich von alleine beworben hatten, brachten ihrerseits Ideen und neuen Schwung mit.

All das blieb der Bank nicht verborgen, und bei seiner letzten Präsentation hatte Claus seinen Zwischenbericht voller Enthusiasmus gegeben. »Hm, Sie scheinen auf einem guten Weg zu sein«, sagte Dr. Kränzel. Er schien beeindruckt. »Nur weiter so! Ich bin ehrlich gesagt recht gespannt auf Ihren fertigen Businessplan.«

Wir haben uns ganz schön gewandelt, dachte Claus manchmal mit einem Anflug von Stolz. Er musste lächeln, wenn er daran dachte, wie er früher all die Managementfehler begangen hatte, auf die Yvonne ihn aufmerksam gemacht hatte. Wie befriedigend war es für ihn gewesen, möglichst viel zu besitzen! Und natürlich war es für ihn selbstverständlich gewesen, dass man seine Anweisungen strikt zu befolgen hatte; schließlich war er der Chef. Er hatte viel zu selten zugehört und andere nach ihren Ideen gefragt. Wandel war ihm ein Graus gewesen.

Nicht zuletzt dank Yvonne kannte er nun einen besseren Weg. Aber es war gut, dass er weder seinen Managern und natürlich erst recht nicht der Bank etwas davon gesagt hatte, wie eine Seelenmalerin ihn auf diesen neuen Weg gebracht hatte. Er hätte seine liebe Not gehabt, das seinen Leuten zu erklären.

Claus brannte schon darauf, die fünfte Erkenntnis zu erfahren. Diesmal schaffte er es sogar fast auf Anhieb, Yvonne ans Telefon zu bekommen. »Zeit? Hm, ja, es sieht im Moment nicht so gut aus«, meinte sie jedoch. »Ich male gerade ein Seelenbild für eine Bekannte von mir.«

»Schon erstaunlich, deine Fähigkeit, Dinge zu malen, in denen die Menschen ihre Zukunft sehen können«, sagte Claus.

»Kann schon sein«, murmelte Yvonne abwesend. Im nächsten Moment aber war wieder Energie in ihrer Stimme. »Gerade fällt mir etwas ein. Glaubst du, dass ein Unternehmen genauso eine Seele hat? Ich könnte ja mal versuchen, ein Seelenbild für deine Firma zu malen.«

»Schöne Idee. Ich glaube schon, dass jede Firma für sich einzigartig ist. Stichwort Unternehmenskultur, Corporate Identity.«

»Das freut mich, dass du das auch so siehst. Ich habe nämlich unserem nächsten Treffen vorgegriffen und mir erlaubt, ein Seelenbild deiner Firma zu malen.«

»Du hast was?!«

»Richtig gehört. Ich habe es schon fertig. Entschuldige, dass ich erst deine Reaktion darauf antesten wollte. Auch wenn Eigenlob stinkt, ich finde, es ist mir ziemlich gut gelungen.«

Claus lachte. »Als Strategieberaterin hast du wirklich einen ganz einzigartigen Ansatz. Wollen wir dann den nächsten Termin einfach mal hier in der Firma machen? Ich reserviere ein kleines Besprechungszimmer für uns, und wenn das Bild mir gefällt, bekommt es gleich einen Platz an der Wand.«

Das Bild stellte sich als so groß heraus, dass sie jemanden brauchten, der mit anpacken half. Claus rekrutierte einen Azubi aus der Auftragsabwicklung dafür. Gemeinsam schafften sie die drei mal zwei Meter große Leinwand in den Besprechungsraum. Gespannt entfernte Claus die Umhüllung, dann blickte er staunend auf die farbenprächtige Darstellung. Die Hintergrundfarbe war ein helles Gelb. Von der linken Bildseite her schwappte eine riesige Welle, die viele Farben, aber vor allem grüne Elemente enthielt. Sie ging in eine kleinere Welle über und diese dann wiederum in eine noch kleinere Welle, die in Blautönen gehalten war. Hinter der zweiten und dritten Welle türmte sich eine goldene Pyramide auf, die fast bis an den oberen Rand des Bildes reichte. Ihre Spitze bildete ein weißes Dreieck, und in ihrer Mitte sah man eine Spirale, die sich nach außen wand.

»Gefällt es dir?«, fragte Yvonne fröhlich.

Claus nickte. »Allerdings. Aber ich würde nie darauf kommen, was es bedeutet.«

»Du befindest dich am Ende einer riesigen Energiewelle,

die dich unvorstellbar viel Kraft gekostet hat«, erklärte die Seelenmalerin. »Mit dieser Kraft hast du dein Unternehmen nach vorne gebracht und dich darauf konzentriert, es weltweit erfolgreich zu positionieren. Es ist der ganze Einsatz, den du in der Vergangenheit gezeigt hast. Diese Welle läuft jetzt aus.«

»Hm, heißt das, dass ich allmählich alt und kraftlos werde?«

»Nein, natürlich nicht. Du musst nur akzeptieren, dass diese Welle ausläuft – und entscheiden, ob du realisieren willst, was danach kommt. Denn danach entsteht etwas Neues. In dieser neuen Ära wirst du viel weniger Kraft aufwenden müssen, weil andere dich mittragen.«

»Ich verstehe«, sagte Claus. »Das symbolisiert die Veränderungen in meiner Firma.«

»Ja. Nach dem, was ich bisher gesehen und gehört habe, wird von dem Unternehmen, wie du es kennst, in einigen Jahren nichts mehr übrig bleiben.«

»O je! Das sind ja düstere Prophezeiungen!«

»Eigentlich nicht. Schau dir mal die Pyramide an. Sie steht für Kraft, Energie und Erfolg. Den Gipfelpunkt werdet ihr erst noch erreichen. Und an der Spitze etwas ganz Neues entdecken. Die Spirale symbolisiert die hohe Dynamik der neuen Entwicklung.«

Yvonne seufzte. »Ich wünschte, ich hätte noch so viel Energie wie du und deine Leute. Aber nach meinem Herzinfarkt… na ja, ich will dich nicht mit medizinischen Geschichten belasten. Reden wir lieber von deiner Firma…«

Wieder skizzierte Yvonne kurz die Kernpunkte der neuen Entwicklung. Doch Claus hörte kaum zu. Yvonne hatte einen Herzinfarkt gehabt? War das der Ausgangspunkt für die Wende in ihrem Leben gewesen? Aber wer war sie vorher gewesen – und was genau machte sie jetzt, wenn sie ihn nicht gerade beriet? In den letzten Wochen war Claus noch neugieriger geworden, doch bisher waren seine Versuche, mehr über sie zu erfahren, im Sande verlaufen. Ihre Bemerkung über den Herzinfarkt war das erste persönliche Detail, das er von ihr erfuhr.

Mittlerweile hatten sie es sich am Besprechungstisch bequem gemacht. Frau Talbach hatte Kaffee gebracht, und Claus wartete gespannt darauf, was Yvonne diesmal zu erzählen hatte.

»Jetzt aber zur fünften Erkenntnis«, sagte Yvonne heiter. »Sie heißt Wandel. Changement ersetzt Management. Alles fließt. Kein Unternehmen kann mehr so weitermachen wie in der Vergangenheit. Doch viele Manager wollen bewahren, den Status quo erhalten. Verständlich: 84 Prozent der Menschen haben Angst vor Veränderungen. Hast du das gewusst, Claus?«

»Das heißt ja, dass von zehn Menschen quasi acht bis neun Angst haben, irgendetwas zu verändern!«

»Leider ja. Das wird für die Unternehmen eine große Herausforderung. Denn wer an Bewährtem festhält, verbaut sich die Chance, die Zukunft gestalten zu können. Aber ich kenne diese Angst auch: Das Risiko ist hoch, und man weiß nicht, ob man den richtigen Weg wählt. Sobald man die ausgetretenen Pfade verlässt, kann man sich verirren.«

»... und derjenige, der die falsche Entscheidung getroffen hat, wird einen Kopf kürzer gemacht«, ergänzte Claus grimmig.

»Ganz genau. Viele Manager sind nicht risikobereit, denn wenn sie scheitern, werden sie persönlich dafür verantwortlich gemacht. Innovatoren müssen sich immer rechtfertigen, ein Nachzügler kann dagegen auf die Erfolge anderer verweisen.«

Claus nickte. »Das konnte man in der New Economy gut beobachten: Was funktionierte, wurde gnadenlos und bis zum Exzess nachgemacht.«

▸ **Die Zukunftsfirma belohnt Fehlermachen.**

»Das Problem ist, dass es in vielen Unternehmen keine Fehlerkultur gibt. Jeder Fehler wird rigoros bestraft. Kein Wunder, dass viele Firmen in einem dramatischen Dilemma stecken: Auf der einen Seite wissen die Unternehmen, dass sie innovativ werden müssen. Auf der anderen Seite ist die Experimentierwilligkeit in vielen Unternehmen so gering, dass sie sich nicht bewegen.«

Claus lachte. »Ich fürchte, das Problem haben wir auch ...«

»Ja, aber siehst du nicht, dass die Bereitschaft zum Wandel zur Existenzfrage wird? Ich habe mir einen Begriff dafür einfallen lassen: ›Changement‹, eine Kombination aus ›Change‹ und ›Management‹. Ich finde, das klingt ein bisschen griffiger als ›Change-Management‹. Du wirst es erleben, dass Changement Management ersetzt und nur die Unternehmen überleben, denen es gelingen wird, Changement zur Kultur im Unternehmen aufzubauen.«

▸ **Changement ersetzt Management.**

»Ich sehe das schon, schließlich unterhalten wir uns lange genug über solche Dinge – nur mein Management hat damit noch Probleme«, betonte Claus. »Dein Wort ›Changement‹ gefällt mir: Die Fähigkeit, permanent wandlungsfähig zu sein und sich schneller als die Wettbewerber an neue Situationen anpassen zu können. Das meintest du doch damit, oder?«

Yvonne holte aus: »Changement geht noch einen entscheidenden Schritt weiter. Es bedeutet nicht nur die Herausforderung zum ständigen Wandel. Vielmehr kann man es fast wie das Betriebssystem für Unternehmen begreifen. Du kennst das Microsoft Betriebssystem Windows. Das ist der beste Vergleich. Windows liefert die Grundstruktur, und die einzelnen Programme wie Word und Excel sind Bausteine zur Umsetzung. Das eine kommt ohne das andere nicht aus.«

»Du willst damit sagen«, dachte Claus laut, »dass wir zuerst und vor allem anderen eine Systementscheidung treffen müssen?«

»Exakt richtig«, antwortete Yvonne. »Changement ist die wesentliche Geschäftsführungsgrundlage. Es ist, wenn man so will, ein Business Operating System. Nur findet es dieses Mal in den Köpfen der Menschen statt. Also sollte man besser sagen, dass es ein Business Mind System ist. In diesem Fall ist es erforderlich, die konstante Geschäftsgrundlage für Wachstum neu zu definieren und langfristig festzulegen.«

»Verstehe ich das richtig?«, sagte Claus. »Changement steuert wie Windows alle Operationen und regelt als Geschäftsgrundlage alle Vorgänge im Systembereich und im Mentalbereich. Damit kommt es vor Strategie, Führung, Verkauf und Marketing?«

»Du bist auf dem richtigen Weg«, sagte Yvonne. »Die Systemfrage steht noch vor der Strategie und definiert die wesentlichen Wachstumsoptionen. Will das Unternehmen aus eigener Kraft wachsen? Wird es ein globales Unternehmen oder ein virtuelles? Oder beides? Liegt der Focus auf der Vernetzung oder der eigenen Produktion? Wird das Unternehmen multiplizierbar sein durch Franchise oder Lizenzsysteme? Wird es der eigene Vertrieb sein, der Wachstum vorantreibt, oder autorisierte Partner? Es ist ein systemischer Ansatz. Der lange existierende ganzheitliche Ansatz zur Führung eines Unternehmens wurde irgendwann immer mehr in den Hintergrund gedrängt und in immer mehr Einzelbereiche aufgeteilt. Vertrieb und Marketing entwickeln oft ein Eigenleben, ohne sich zu ergänzen. So konnte letzten Endes ein Kampf in Einzelabteilungen stattfinden, der zu Machtspielen der Manager wurde. Jetzt kann ein Betriebssystem wieder die einzelnen Bereiche als synergetische Einheit zusammenführen und den zentralen Ansatz des Wachstumspotenzials neu definieren.«

Claus runzelte die Stirn: »Schließt sich System und Wandel nicht gegenseitig aus?«

»Das stimmt zum Glück nicht«, meinte Yvonne. »Ein mentales Betriebssystem, das auf Wandel basiert, ist die chancenreichste Zukunft für Wachstum. Anders ausgedrückt: Die zentrale Frage des langfristigen unlimitierten Wachstumspotenzials ist viel zu wenig hinterfragt worden. Schau es dir an: 96 Prozent der amerikanischen Firmen erleben ihren zehnten Geburtstag nicht. In Deutschland wird es nicht viel anders aussehen. Warum? Die Wachstumsfrage ist gekoppelt an die richtige Systemfrage. Das ist wiederum eine Frage der Fähigkeit, sich anpassen zu können einerseits, und damit von Changement und der grundlegenden Entscheidung über die Art des Wachstums andererseits.«

»Oh je, das war ein bisschen viel«, sagte Claus. »Aber ich verstehe und folge dir. Changement ist also als mentales Betriebssystem zu verstehen.«

Yvonne erwiderte: »Noch ein Satz: ›Die meisten Manager und Unternehmen arbeiten in ihrer Firma und nicht an ihrer Firma‹, sagte der amerikanische Unternehmensberater Michael Berger bereits vor Jahren.«

»Was heißt das?«, fragte Claus nach.

»Ganz einfach. Wer sich als jemand versteht, der an der Firma arbeitet, wird seine Firma wie ein Produkt verstehen, und versuchen wollen, es mit System zu duplizieren. Denn ein Produkt, das nur einmal existiert, ist uninteressant. Wir müssen so tun, als wollten wir unsere Firma 10 000 mal multiplizieren. Das geht nur mit einem klaren Systemansatz.«

»Dieser Satz ist ja sehr folgenreich«, dachte Claus laut.

Yvonne fuhr fort: »Denke ihn zuende. Das Ziel deines unternehmerischen Wirkens kann nur sein, entweder die Firma so erfolgreich zu machen, dass sie profitabel verkauft werden kann oder dass du sie eines Tages mit einem höheren Wert an deinen Nachfolger übergeben kannst. Wiederum gilt: Der Systemansatz und die unlimitierten Wachstumsperspektiven werden für den Wert des Unternehmens entscheidend sein.«

»Warum meinst du«, fragte Claus, »wird die systematische Wachstumsfrage in den meisten Unternehmen nicht genügend beachtet? Schließlich ist es doch die entscheidende Existenzfrage jedes Unternehmens.«

Yvonne nickte. »Die meisten Leute wollen nicht wahrhaben, dass wir in einer Revolution leben – dem Wandel von der Industrie- zur Wissensgesellschaft. Es ist eine Revolution, aber auch ein Stück Evolution. Alles fließt.«

»… und es geht alles verdammt schnell. Ich habe den Eindruck, dass man heutzutage Chancen verpasst, bevor man richtig realisiert hat, dass es sie überhaupt gibt.«

»Ja, das wird auch nicht mehr besser werden. An einem einzigen Tag, in einer einzigen Sekunde kann das Unternehmen die Chance bekommen, sich völlig neu zu positionieren. Oder aber man lässt sie einfach verstreichen. Manager entscheiden oft bewusst oder unbewusst in einer einzigen Sekunde über den Fortbestand oder die Auflösung ihrer Firma. Deshalb sollte man eine Strategie entwickeln, die einem ermöglicht, auf solche Situationen zu reagieren.«

»Neulich habe ich in irgendeinem Business-Magazin mal ein schönes Beispiel dafür gelesen«, meinte Claus. »Ein Mann wurde von seiner Tochter gefragt: Papa, warum kommt aus diesem Fotoapparat nicht sofort ein Foto heraus? Der Rest ist, wie man so schön sagt, Geschichte, die Firma heißt natürlich Polaroid. Der Vater hätte übrigens nur sagen müssen: Ja, mein Kind, du hast Recht, es wäre schön, wenn aus diesem Apparat ein Foto herauskommen würde. Nichts wäre passiert. Aber das alleine ist keine Garantie für hundert Jahre. Denn das Unternehmen ist, soweit ich gehört habe, heute in großen Schwierigkeiten.«

»Weißt du, was ein guter Tipp ist? Ich habe ihn von einem Unternehmensberater aus meinem Bekanntenkreis. Er empfiehlt, dass man, wenn man die Grundregeln seines Geschäftes geändert hat, spätestens nach 800 Tagen alles, aber auch alles, was man bisher so erfolgreich gemacht hat, hinterfragen sollte. Damit man Querdenkern im Unternehmen eine Chance geben kann. Wenn das nicht passiert, feiert man meistens am größten Tag seines Erfolges zweierlei: vormittags das beste Ergebnis aller Zeiten und nachmittags den ersten Tag des Abschwungs.«

> **Nur wer permanent hinterfragt, wird dauerhaft erfolgreich sein.**

»Das ist leicht gesagt«, meinte Claus, »aber es ist in der Praxis sehr schwer, dann, wenn man Erfolg hat, anderen klar zu machen, dass man sich bereits ändern muss. Ich fürchte, diese Selbstzufriedenheit hatte ich bis vor kurzem auch. Vielleicht kann man es sogar Arroganz nennen.«

»Na, na, mach dich jetzt nicht nachträglich fertig«, sagte Yvonne. »Man darf es auch nicht übertreiben. Veränderung einfach nur um der Veränderung willen kann es natürlich nicht sein, operative Hektik sicherlich auch nicht. Es gibt im Grunde genommen nur eines, das als Grundlage für Changement dienen kann: der Kunde.«

Claus sah sich wieder einmal in der Rolle des Skeptikers. »Ist das nicht ein bisschen zu einfach gedacht, Yvonne? Nur den Kunden als einzigen Schlüssel zu nehmen? Es gibt doch auch andere Auslöser. Die Globalisierung. Zusammenschlüsse der Wettbewerber. Und so weiter.«

»Wie oft hast du erlebt«, antwortete Yvonne, »dass Fusionen erfolgreich verliefen?«

»Ich weiß«, sagte Claus, »über fünfzig Prozent aller Fusionen scheitern.«

»Siehst du, es geht nicht um Fusionen oder Globalisierung, das macht nur dann Sinn, wenn es im Sinne des Kunden nötig ist. Das geht bei all diesen Machtspielen viel zu oft unter. Kennst du Liebigs Gesetz?«

»Ich fürchte, da hast du bei mir eine Bildungslücke aufgedeckt...«

»Das macht gar nichts. Es gehört in den Bereich der Biologie. Liebig, ein Wissenschaftler, hat etwas sehr Interessantes bewiesen: Zwar setzt sich der Boden aus Tausenden von Substanzen zusammen, doch für das Getreide, das darauf wachsen soll, sind nur vier Stoffe wichtig: Phosphor, Kalk, Stickstoff und Kali. Liebig hat nun herausgefunden, dass die Weiterentwicklung der Pflanzen, beispielsweise Getreide, immer nur durch den Minimumfaktor begrenzt wird, also den Stoff, der von diesen vieren am geringsten vorhanden ist. Gibst du jetzt das fehlende Element hinzu, Kali beispielsweise, so wächst alles so lange weiter, bis es vom nächsten Minimumfaktor, dieses Mal Stickstoff, begrenzt wird. Die Natur kennt keine Probleme, sie kennt nur Engpässe.«

»Hm, ich fürchte, ich habe die Lektion daraus nicht ganz verstanden«, gab Claus zu.

»Für ein Unternehmen heißt das mit anderen Worten, dass es die Fähigkeit entwickeln muss, den jeweiligen internen Engpassfaktor Nr. 1 und den wichtigsten externen Engpassfaktor zu erkennen und zu lösen«, erklärte Yvonne. »Löst man das wichtigste Kundenproblem, werden sich viele Probleme im eigenen Unternehmen von alleine lösen lassen.«

> **D**as Unternehmen der Zukunft muss seine Engpassfaktoren im Griff haben.

»Ich verstehe, was du sagen willst. Wenn es um Wandel geht, dann ist die Grundlage des Wandels das Erkennen nicht gelöster Kundenprobleme.«

»Genau. Wirst du also zum besten Problemlöser deiner Kunden, das heißt, gelingt es dir, ständig den aktuellen ›Kittelbrennfaktor‹ deiner Kunden zu erkennen und vor dem Wettbewerb in Lösungen umzusetzen, wächst du automatisch weiter.«

Claus musste grinsen. »›Kittelbrennfaktor‹? Was soll das denn sein?«

»Ach, das ist eine Formulierung, die ich gerne benutze«, antwortete Yvonne. »Für mich heißt es: Überall dort, wo der Kunde ein brennendes Problem hat und es nicht gelöst ist, können wir helfen. Wenn der Kunde signalisiert, dass er von etwas träumt, was es noch gar nicht gibt, ergibt sich hieraus das neue Wachstumspotenzial. Denn in der Regel haben Kunden durchaus realistische Träume.«

»Hm, aber Träume zu erkennen, kann so schwierig sein wie Gedankenlesen.«

»Ganz und gar nicht. Kundenträume erkennt man, indem man mit seinen Kunden in engem Kontakt bleibt und ganz genau zuhört. Ist das etwa eine Kunst?«

»Touché!«

»Ich muss es dir noch mal ans Herz legen, weil es so wichtig ist: Viele Veränderungsprozesse werden heute in Gang gesetzt, ohne auf die Interessen des Kunden Rücksicht zu nehmen. Ganz im Gegenteil, oft haben die Kunden Nachteile dadurch. Ein solcher Changement-Ansatz kann nicht funktionieren.«

»Das ist einfach, wird aber, glaube ich, viel zu oft übersehen«, nickte Claus. »Noch einen Tipp zum Abschluss? Leider habe ich in einer halben Stunde ein Meeting.«

»Ja, einen letzten habe ich noch, oder besser fasse ich einfach noch mal kurz zusammen, was wir heute besprochen haben: Changement kann nur gelingen, wenn eine andere Denkkultur im Unternehmen Einzug hält. Wenn akzeptiert wird, dass jemand, der neue Wege geht, auch Fehler machen darf. Ihr Manager müsst aus eurem Elfenbeinturm herauskommen und viel enger als gewohnt mit den Mitarbeitern und Kunden zusammenarbeiten, um ständig Erfahrungen auszutauschen. Nur so könnt ihr Veränderungen sehr schnell wahrnehmen und zügig genug darauf reagieren.«

> **Nur ein ständiger Erfahrungsaustausch mit Kunden und Mitarbeitern macht es möglich, schnell auf Veränderungen zu reagieren.**

»Es wird für uns ein harter Brocken werden«, sagte Claus, »Changement in unserem Unternehmen zu etablieren. Ich bin einmal gespannt, wie lange es dauern wird, bis wir vom Begriff ›Revolution‹ eines Tages den ersten Buchstaben wegnehmen können und ›Evolution‹ als einen normalen Prozess sehen.«

»Viel Glück beim Sprung über die psychologischen Barrieren«, sagte Yvonne fröhlich. »Jetzt mal zu einem ganz anderen Thema: Hast du eigentlich schon entschieden, ob und wo du das Seelenbild deiner Firma aufhängst?«

»Allerdings«, sagte Claus. »Es kommt mitten in die Eingangshalle. Wenn dir das recht ist.«

»Und ob«, sagte Yvonne und strahlte.

Claus' Erkenntnis-Tagebuch: Alles fließt. Einfach gesagt. Schwer umgesetzt. 84 Prozent der Menschen haben Angst vor Veränderungen. Sie wollen alles beim Alten belassen. Genau das wird aber die entscheidende Fähigkeit der Zukunft sein: Die Fähigkeit zum Wandel. Wir werden die nächsten Jahre, wahrscheinlich die nächsten Jahrzehnte, in einem Zeitalter des permanenten Wandels leben. Deshalb müssen wir unseren Mitarbeitern die Angst vor dem Wandel nehmen. Wir müssen sie dafür begeistern, dass die Zukunft eine Chance darstellt. Wir brauchen Provokateure, die neue Wege gehen wollen. Wir brauchen Pioniere und Herausforderer.

Eine der wichtigsten Eigenschaften der zukünftigen Business-Elite wird es sein, in einem ständigen Wandlungsprozess erfolgreich zu sein. »Changement ersetzt Management« trifft den Nagel auf den Kopf. Uns bleibt nichts anderes übrig. Die meisten der erfolgreichen Produkte und Dienstleistungen hat es vor einigen Monaten noch gar nicht gegeben. Und es wird sie in einigen Monaten auch nicht mehr geben.

(R)Evolution ist ein natürlicher Prozess. Die Natur bietet die Grundlage ständiger Weiterentwicklung. Die Natur zeigt auch mit dem Liebig'schen Gesetz den Weg. Es ist keine blinde Wandlungswut, sondern ein permanentes Anpassen an den zwingenden Nutzen für den Kunden. Der Kunde gibt einerseits das Wandlungstempo und den Wandlungsinhalt vor, andererseits gilt es für uns, den Bedarf des Kunden zu erkennen, den er selbst noch nicht gesehen hat. Dafür müssen wir permanent mit dem Kunden verschmolzen sein, damit wir seine Wünsche und Träume erkennen können. Mit einem Satz: Lasst uns die Träume der Kunden von morgen vor allen anderen erkennen. Changement versteht sich dabei als ein mentales Betriebssystem für Geschäftswachstum.

Entscheidend wird es deshalb sein, die Changement-Fähigkeit in die Köpfe unserer Manager und Mitarbeiter zu bringen. Dieses Mal können wir nicht bestimmen. Wir müssen überzeugen.

Als Claus am frühen Abend seine Mails durchging, sah er, dass ausgerechnet heute der Mensch aus der Mailingliste geantwortet hatte, der ihm vielleicht mehr über Yvonne verraten konnte. Doch seine Mail war nur kurz:

Hi,
Yvonne hat, soweit ich weiß, früher in einer Werbeagentur gearbeitet. Irgendeine leitende Funktion hatte sie da. Leider weiß ich auch nicht mehr. Hoffe, das hilft dir weiter.
Gruß, Bernd

Hm, dachte Claus. Ein Puzzleteilchen mehr. Er war sich nicht ganz klar darüber, was das nun bedeutete. Yvonne wirkte so gar nicht wie eine dieser gelackten Agentur-Weibchen, die er kannte. Ihre Ratschläge hatten mit der Werbebranche so überhaupt nichts zu tun. Ich muss einfach abwarten, sagte sich Claus. Bei passender Gelegenheit werde ich ihr einfach auf den Kopf zusagen, was ich weiß, und hoffentlich den Rest der Geschichte erfahren.

Am nächsten Tag nahm sich Claus ein Taxi zum Flughafen. Ihm stand wieder einmal ein Termin bei der First Southern Investors Bank in Atlanta bevor. Er wusste nicht mehr, was er von diesen Leuten erwarten sollte. Wenn sie diesmal immer noch keine Fortschritte machten, würde er sie auf ihre Hinhaltetaktik ansprechen, schwor er sich. Oder die ganze Sache abblasen und sich anderswo nach Investoren umsehen. So, wie die Berning GmbH sich in den letzten Wochen entwickelt hatte, musste es doch möglich sein, jemanden zu finden, der ein paar Euro in sie stecken oder sich an ihrem Netzwerk beteiligen wollte!

Ben Rose begrüßte ihn wie immer mit ausgesuchter Höflichkeit. Doch es lief, wie Claus schon befürchtet hatte: Ein langes Gespräch ohne jedes konkrete Ergebnis. Claus bewahrte seine gelassene Miene, doch innerlich kochte er.

Nach zwei Stunden drückte er Rose und seinen Kollegen die Hand, hängte sich seinen Mantel über den Arm und verließ den Besprechungsraum – entschlossen, nie wiederzukommen. Mit düsteren Gedanken beschäftigt wartete er auf den Aufzug. Doch dann nahm er aus dem Augenwinkel eine Bewegung wahr. Claus drehte den Kopf, sah genauer hin: Der Mann, der gerade am Ende des Korridors um eine Ecke verschwunden war, kam ihm irgendwie bekannt vor. Claus runzelte die Stirn.

Man kann die meisten Menschen von weitem am Gang erkennen, und Claus war sich ziemlich sicher, dass er diese Gestalt kannte. Aber er hatte den Mann nur ganz kurz gesehen, und von hinten. Vielleicht hatte er sich doch getäuscht. Es konnte nicht sein! Der Mensch, den er zu erkennen geglaubt hatte, war viele Meilen weit weg!

Claus entschied sich. Obwohl sich in diesem Moment die Türen des Aufzugs vor ihm öffneten, eilte er mit schnellen Schritten den Gang hinunter, der Gestalt nach. Er musste Gewissheit haben!

Vor ihm gabelte sich der Weg. Niemand in Sicht. Instinktiv wandte sich Claus nach links. Er hatte richtig entschieden: Jetzt konnte er Schritte hören, gedämpft durch den silbergrauen Teppich. Claus beschleunigte, und der andere tat es ihm nach. Floh der etwa vor ihm? Es machte fast den Eindruck!

Doch Claus war flinker. Ein paar Sekunden später hatte er den anderen Mann eingeholt. Noch bevor er ihn ansprechen konnte, drehte sich der andere ruckartig um. Claus blickte in das Gesicht seines alten Freundes Jack Albrecht. »He, Berning!« Es sollte wohl unbeschwert klingen. »Wusste gar nicht, dass du im Lande bist!«

»Jack«, sagte Claus. »Was machst du hier?«

»Ach, ich habe ab und zu mit FSI zu tun«, meinte Jack. Ein Muskel auf seiner Wange zuckte.

Zu einer anderen Zeit, an einem anderen Ort, hätte Claus ihm das vielleicht abgenommen. »Jack, bitte sag mir die Wahrheit.«

»Ich weiß gar nicht, was du meinst«, sagte Jack, drehte sich um und ging in Richtung Aufzug. »Du hast mich nur überrascht, das ist alles. Ich habe ein gutes Wort für dich eingelegt und wollte nicht, dass du etwas davon mitbekommst.«

Ein gutes Wort einlegen? Er hatte schon ein paar Mal mit Jack über seine Verhandlungen mit FSI gesprochen, und nie hatte sein ehemaliger Studienfreund auch nur die kleinste Bemerkungen darüber fallen lassen, dass er Kontakt zu den Investoren hatte. Das alles klang seltsam. Claus begriff nicht, was dahinter steckte.

»Was ich dir sagen wollte … ich breche die Verhandlungen mit FSI ab«, meinte Claus.

»Ah … ja, hm. Ist vielleicht besser so.«

»Findest du?«

Plötzlich kroch eine boshafte Note in Jacks Stimme.
»Diese Pläne, deine Expansion, weltweiter Vertrieb – das
war doch alles Unsinn. Irgendjemand musste dir den Zahn
ziehen. Irgendwann wirst du erkennen, dass es besser für
dich ist, wenn alles so bleibt, wie es ist.«

Ganz plötzlich wusste Claus Bescheid. »Ach ja? Vielleicht warst du es sogar, der den Bankern das deutlich
gemacht hat?«

Jack beschleunigte seine Schritte wieder. Claus blieb ihm
auf den Fersen. Doch er schaffte es nicht, Blickkontakt aufzunehmen – Jack hielt den Kopf abgewandt.

»Wenn du nichts zu verbergen hast, dann sag es doch einfach«, bohrte Claus weiter. »Hast du etwa gegen mich intri-
giert? Hast du ihnen davon abgeraten, mich zu fördern?«

Ganz plötzlich fuhr Jack herum. Claus wich erschrocken
zurück, obwohl sein alter Freund ihm nur bis zum Kinn
ging. Doch in seinen Augen war ein Glitzern, das Claus
Angst machte. »Weißt du, Claus, du bist ein guter Kumpel«,
sagte Jack hämisch. »Aber dein Problem ist, dass dir dein
Leben lang alles immer in den Hintern geschoben worden
ist. Du warst der Fabrikantensohn, der Erbe vom Dienst.
Natürlich haben sich alle Frauen um dich bemüht, und
schließlich hast du die Dorfschönheit geheiratet. Aber mit
einer Frau wie Christiane wusstest du nichts anzufangen,
und so lässt du sie einfach im goldenen Käfig sitzen und deinen Sohn verhungern, weil er sich nach deiner Liebe sehnt,
aber nie genug davon bekommt. Du weißt gar nicht, wie
armselig du bist.«

Claus öffnete den Mund, aber nichts kam heraus.

»Deswegen hat es besonderen Spaß gemacht, dir mal eine

Lektion zu erteilen. Du hast wie immer nur an dich gedacht. Es war dir nicht einmal wichtig, was ich für Pläne mit meiner Firma hatte. Ein Netzwerk, dass ich nicht lache! Du wolltest, dass die Umsätze auf dein Konto laufen. Deine Ideen waren gut, aber es tut mir leid, alter Freund, diese Geschäfte mache ich lieber selber. Ich werde selbst expandieren. Amerika ist mein Land. Du hättest nicht versuchen sollen, dir ein Stück von meinem Kuchen abzuschneiden.«

»Also stimmt es«, sagte Claus tonlos. »Du hast hinter meinem Rücken gegen mich gearbeitet.«

Jack setzte sich wieder in Bewegung, Richtung Aufzug, und diesmal folgte Claus ihm nicht. »Mach's gut, alter Kumpel. Lass deine Enduro weiter in der Garage verstauben. Küss Christiane von mir ...«

Seine Stimme verklang, als die Aufzugtüren sich schlossen.

Wie betäubt fuhr Claus zum Flughafen zurück, checkte ein und bestieg das Flugzeug zurück nach Deutschland. Sein Sitznachbar, ein feister Geschäftsmann aus Nürnberg, wollte sich mit ihm unterhalten, doch Claus stellte sich schlafend. Er hatte über vieles nachzudenken.

Er fühlte sich noch immer wie unter Schock, als das Taxi vor ihrem Haus in Bergisch-Gladbach vorfuhr und er die Tür aufschloss. Christiane kam ihm entgegen.

»Du ahnst ja gar nicht, was ich erlebt habe ...«, sagte Claus müde und schüttelte den Kopf. »Mit Jack war es ...«

»Ich glaube, das interessiert mich jetzt gar nicht besonders«, sagte Christiane. Erschrocken blickte Claus sie an und bemerkte, dass sie blasser war als sonst und ihre Lippen zusammengekniffen wirkten. »Was ist los, Schatz?«

»Nenn mich nicht Schatz!«, sagte Christiane mit einem gefährlichen Unterton. »Du kannst mir jetzt mal erzählen, wer diese Jenny ist, mit der du in letzter Zeit immer zusammenhockst.«

»Moment mal, woher weißt du das?«

»Ich habe meine Quellen. Und falls du es genau wissen willst: Du klingst ganz schön schuldbewusst.«

»Blödsinn. Ich bin einfach nur müde und fertig, weil Jack...«

»Lenk nicht ab! Wer ist diese Jenny?«

»Eine Kollegin. Marketingassistentin. Sie war in diesem ganzen Prozess, den die Firma durchgemacht hat, eine Verbündete. Gute Ideen hatte sie auch. Sie hat mir bewusst gemacht, dass ich selbst noch ein Stück alte Welt in mir hatte.«

»Das reicht schon«, schrie Christiane. »Bei ihr konntest du dich wieder jung fühlen, was? Hast du es schon so nötig? Bist du schon einer dieser Männer in der Midlife-Crisis, die plötzlich mit ihren Sekretärinnen ein Verhältnis anfangen?«

»Ich habe kein Verhältnis mit ihr, und sie ist nicht meine Sekretärin«, sagte Claus durch zusammengebissene Zähne. Er hatte noch nicht mal Gelegenheit gehabt, den Mantel auszuziehen und seine Reisetasche abzustellen, und jetzt das! Das hatte er wirklich nicht verdient!

»Du leugnest also, dass du etwas mit ihr hast?«

»Ich habe nichts mit ihr! Und ich werde erst mit dir über die ganze Sache diskutieren, wenn du dich abgeregt hast. Ich fahre jetzt in die Firma.«

Entnervt stieg Claus in seinen silberfarbenen Mercedes und trat das Gaspedal durch. Es tat gut, sich wieder in seine tägliche Routine einklinken zu können, auch wenn sein Inneres noch immer in Aufruhr war wie selten zuvor. Schon nach ein paar Minuten kam der hässliche Flachbau der Berning GmbH in Sicht. Claus parkte das Auto auf seinem reservierten Parkplatz direkt vor der Tür und stieg die Stufen hinauf.

Doch auf dem Weg zu seinem Büro spürte er schon nach ein paar Metern, dass etwas nicht in Ordnung war. Die Mitarbeiter, an denen er vorbeikam, grüßten irgendwie seltsam, folgten ihm mit den Blicken. Claus grüßte zurück, zwang sich zu einem freundlichen, selbstsicheren Gesichtsausdruck. Was war bloß geschehen?

»Guten Morgen, Herr Berning!«, sagte Frau Talbach, doch sie lächelte nicht wie sonst und drehte sich schnell wieder ihrem Monitor zu.

Claus' Geduld war erschöpft. »Frau Talbach, was ist hier los?«

»Was meinen Sie?«

»Irgendetwas läuft hier ab, ich merke es doch genau! Hat die Bank uns endgültig den Geldhahn zugedreht, hat sich mein Onkel in den Betriebsrat wählen lassen oder was? Heraus mit der Sprache!«

»Es ist… nur ein Gerücht«, sagte Frau Talbach und wechselte die Farbe. »Man sagt, diese ganzen Veränderungen… Ihre neuen Pläne… Sie hätten all Ihre Ideen von einer Wahrsagerin bekommen und würden nichts mehr tun, ohne sie vorher zu fragen.«

Claus war so perplex, dass er sich auf der Kante seines Schreibtisches niederlassen musste. »Ach du lieber Gott«, brachte er nur heraus.

Frau Talbach wagte offensichtlich nicht, ihn zu fragen, ob an dem Gerücht etwas dran sei. Sie blickte ihn nur neugierig an.

Langsam ging Claus in sein Büro und schloss die Tür hinter sich. Verdammt! Jetzt war es doch rausgekommen, und auch noch – wie bei Gerüchten meist der Fall – auf eine völlig verdrehte Art. Woher sollten die Leute auch den Unterschied zwischen einer Seelenmalerin und einer Wahrsagerin kennen? Ihm war es schließlich zu Anfang auch nicht leicht gefallen, das in seinem Kopf zu sortieren und seine Vorurteile wegzuschieben…

Was konnte er jetzt tun? Wenn er das Gerücht einfach nur dementierte, gab es keine Garantie dafür, dass die meisten Mitarbeiter ihm glauben würden, und das Gerücht würde sehr wahrscheinlich nicht aussterben, sondern sich hartnäckig halten. Er würde das nie wieder los werden!

Wie waren die Leute überhaupt darauf gekommen? Offensichtlich war bei Yvonnes Besuch in der Firma jemand aufmerksam geworden. Doch eigentlich hatte er nur einem Menschen gegenüber erwähnt, wer diese Seelenmalerin war.

Jenny.

Er erinnerte sich noch genau an ihr Gespräch in der Kantine vor ein paar Wochen. Damals hatte er Yvonne erwähnt und gesagt, dass sie eine Seelenmalerin sei. Jenny hatte gelacht und das Wort »Wahrsagerin« zum ersten Mal ins Spiel gebracht. Wahrscheinlich hatte sie das ganz einfach so weitererzählt, ohne sich etwas dabei zu denken. Oder hatte sie es in böser Absicht getan, um ihm zu schaden? Der Gedanke an Jack tat weh. Konnte er überhaupt noch jemandem trauen? Sicher nicht einer jungen Mitarbeiterin, die vermutlich gerne damit prahlte, was ihr der Chef alles beim Mittagessen erzählte.

Abwesend ging Claus seine Post durch, diktierte ein paar Briefe. Doch er verhaspelte sich immer wieder, sein Gedankenfaden riss ständig. Nach einer Stunde wusste er, dass es keinen Sinn hatte. Er musste in die Marketingabteilung.

Jennys Gesicht hellte sich auf, als sie ihn sah. Doch sie bemerkte schnell, dass etwas nicht in Ordnung war. »He, Sie sehen aus, als hätte gerade jemand eine Bombe auf Ihrem Schreibtisch gezündet.«

Claus war nicht nach Scherzen zumute. »Ganz so schlimm ist es nicht, aber unangenehm. Jemand hat in der Firma etwas von der Seelenmalerin erzählt. Waren Sie es?«

Langsam verschwand das Lächeln aus Jennys Gesicht. Aber sie tat nicht einmal so, als sei sie überrascht. »Ich habe gehört, was man sich so erzählt«, sagte sie ruhig. »Aber von mir haben die Leute es nicht. Ich weiß nicht, durch wen sie es erfahren haben.«

Claus spürte, dass sie die Wahrheit sagte. Aber wer konnte es dann gewesen sein?

»Vielleicht hat die Frau es ihnen selbst erzählt?«, schlug Jenny vor.

»Nein. Ich war ständig bei ihr, als sie hier in der Firma war. Aber vielleicht hat der Azubi aus der Auftragsabwicklung gelauscht.«

»Moment mal. An diesem Tag war auch Ihr Sohn da. Vielleicht hat ihn jemand gefragt, was für eine Frau das ist. Wahrscheinlich hat er da etwas durcheinander gebracht – kein Wunder, dass so seltsame Dinge dabei herausgekommen sind.«

»Ja, das könnte sein.« Claus schüttelte müde den Kopf. »Na ja, jetzt habe ich schön was zu tun, das wieder auszubügeln.«

»Diesmal ist es wohl besser, wenn ich nicht versuche, was gegen die Gerüchte zu tun …« Und dieses Mal wurde Jenny tiefrot. »Inzwischen bin ich ja selbst zu einem geworden. Weil man uns ein paar Mal in der Kantine zusammen gesehen hat, dichtet man uns inzwischen an, wir hätten was miteinander. Nicht, dass es mich stören würde, wenn dumm daher geredet wird, aber für Sie ist das wahrscheinlich nicht so toll.«

»Zu spät. Meine Frau meint auch schon, mehr zu wissen als wir.« Jetzt war Claus mit seiner Offenheit gegenüber Jenny schon wieder zu weit gegangen und hatte ihr auch noch von seinen familiären Problemen erzählt. Ganz im Ton des Vorgesetzten sagte er knapp: »Machen Sie sich nichts daraus, Frau Donat. Ich wollte nur noch sagen, dass ich Ihre Arbeit sehr schätze und dass ich immer gerne auf Ihre Ideen zurückgreife.«

»Jetzt müssen Sie mich ermutigen!« Jenny grinste. »Machen Sie sich bloß keine Sorgen. Alles wird gut.«

»Ja, alles wird gut«, gab Claus zurück und musste lächeln. Was wahrscheinlich auch der Sinn ihres Spruchs gewesen war.

Ja, alles würde gut werden. Und er hatte schon eine Idee, wie er Jack zumindest in geschäftlicher Hinsicht verschmerzen und auch ohne ihn sein Netzwerk weiterspinnen konnte. Es gab noch ein paar Firmen, zu denen sie einen so guten Kontakt hatten, dass er es wagen konnte, ihnen seine neuen Ideen zu schildern. Claus holte die Liste der Unternehmen hervor, die er schon vor zwei Wochen aufgestellt hatte – eine Liste derer, die als Kooperationspartner infrage kamen. Dann griff Claus zum Telefon…

An diesem Abend kehrte er schon früh heim, entschlossen, wenigstens das Missverständnis mit seiner Frau zu klären. Er fand Christiane an ihrem kleinen Schreibtisch im Wohnzimmer. Aus Marcs Zimmer hörte man die Stimmen einer Boygroup im Chor.

»Hallo Schatz«, sagte Claus. »Ich möchte mit dir sprechen. Hast du einen Moment Zeit?«

Christiane drehte sich um. Tränenspuren zogen Schneisen durch ihr Make-up, und ihr Mund war verkniffen.

»Das sind so blöde Gerüchte, die in der Firma umlaufen«, sagte Claus sanft und setzte sich ihr gegenüber, ohne sie zu berühren. »Ich erzähle dir jetzt, wer und was sie in die Welt gesetzt hat…«

Er erzählte, wie er Jenny zum ersten Mal begegnet war, wie sie zu seiner ersten Verbündeten wurde und wie sie sich seither austauschten. Wie er aus ihrer Perspektive der Mind-Workerin manches klarer sah. »Und das ist alles«, endete Claus. »Sie ist eine Kollegin, die ich sehr schätze, nicht mehr. Und das wird auch so bleiben.«

Christiane schwieg lange. Dann sagte sie: »Du bist nicht der Typ, der einen belügt. Ich glaube, ich war ziemlich voreilig… Ich habe es sofort geglaubt. Du warst in letzter Zeit so anders, und unsere Beziehung war so viel schlechter geworden…«

Schuldbewusst nahm Claus sie in die Arme. In seinem Kopf echote, was Jack zu ihm gesagt hatte. »Aber mit einer Frau wie Christiane wusstest du nichts anzufangen, und so lässt du sie einfach im goldenen Käfig sitzen ...« Er räusperte sich. »Was ist nicht ... du weißt schon ... was stört dich an unserer Beziehung? Ich höre dir zu, solange du willst. Jetzt bist du dran.«

»Ach weißt du«, sagte Christiane, und plötzlich bekam ihre Selbstbeherrschung einen Riss, und daraus quoll hervor, was sie wohl schon lange unterdrückt hatte. »Als ich dich geheiratet habe, war ich stolz ... ja, natürlich war ich stolz ... du und deine Firma ..., aber jetzt weiß ich nicht, ob das alles sein soll. Wir haben ein wunderschönes Haus, schöne Autos, einen lieben Sohn, sind finanziell unabhängig – und doch ist der kleinste Angestellte in deiner Firma freier als du, als wir. Wir könnten so viel tun, eine Weltreise machen, uns bilden, kreativ sein, aber die Firma bindet dich an, beschäftigt dich ständig, sie kommt immer vor uns, mir und Marc ...«

Claus ließ sie reden, so weh jeder Satz auch tat. Er hörte zu und nickte dann und wann. Allmählich wurde ihm vieles klar. So viele Warnsignale hatte er übersehen! Schon ganz zu Anfang hatte sie versucht, ihm zu verstehen zu geben, dass etwas nicht in Ordnung war. Das Seelenbild! Damit hatte sie ihm, ohne es auszusprechen, einen Wink geben wollen. Phönix aus der Asche. Aber damals hatte er es noch abgewehrt, es nicht wahr haben wollen. Schließlich schuftete er wie wild, um ihr ein schönes Leben bieten zu können ... nein, auch das war wohl eine Lebenslüge ... er schuftete, weil es in seiner Familie so üblich war, weil seine Eltern und Großeltern ihm vorgelebt hatten, dass man seine Pflicht zu erfüllen hat ... weil die Firma es verlangte, und er willig mitmachte. Christiane hatte eigentlich ganz Recht: Sie konnten so vieles machen und taten so wenig. Mal ein Wochenende hier, ein Abend da – das reichte nicht einmal, um sich richtig zu entspannen.

»Ich will nicht als gefrustete Ehefrau enden, die sich mit fünfzig noch einmal auf Teufel komm raus selbst verwirklichen will, während ihr Mann mit der Sekretärin durchbrennt«, gestand Christiane. »Mein Gott, vor ein paar Stunden dachte ich, es wäre schon so weit…«

»Ich glaube, ich habe mir auch nichts Gutes getan in den letzten Jahren«, sagte Claus betreten. »Weißt du was, ich könnte meinen stellvertretenden Geschäftsführer viel stärker einbinden. Er könnte mir viel mehr von dem Tagesgeschäft abnehmen. Ich versinke sowieso in meinen Arbeitsstapeln, weil alle mir ihre Aufgaben letztlich doch wieder aufdrücken – ich glaube, ich bin als Chef einfach zu nett.«

Christiane lachte unter Tränen. »Ich glaube auch. Wieso haust du nicht mal ordentlich auf den Tisch? Vielleicht hören dann einige Leute endlich mal auf, dir auf der Nase rumzutanzen. Dein Onkel zum Beispiel.«

»Im Moment habe ich ziemliche Probleme in der Firma«, gestand Claus. »Ich habe nicht immer etwas davon erzählt, weil ich oft dachte, es interessiert dich nicht…«

»O doch. Ich interessiere mich für das, was du in der Firma machst. Vielleicht sollte ich öfter mal mit Marc rüberkommen, ich habe mich viel zu sehr rausgehalten. Ich habe nicht wirklich hinter dir gestanden. Aber das wird sich ändern, das verspreche ich dir.«

»Ist schon in Ordnung. Aber gerade in den letzten Monaten sind ein paar wirklich miese Dinge passiert, und du wirst nicht glauben, was Jack gestern…«

Während er ihr von Jacks Verrat erzählte, merkte Claus, wie seine Erschütterung über das, was geschehen war, zurückkehrte. Christiane schien zu spüren, was in ihm vorging, denn sie umarmte ihn fest. »Und ich wollte dir nicht zuhören, als du zurückgekommen bist! Das hätte mich auch umgeworfen, ein so alter Freund wie Jack…«

»Hat mich schon wirklich beeindruckt, dass man jahrelang mit jemandem viel Zeit verbringen kann, sogar in Urlaub fahren kann, ohne dass man ihn je wirklich kennen lernt. Verdammt, ich habe mit ihm sogar über unsere Probleme gesprochen. Hast du Jack und Michelle eigentlich gemocht?«

»Michelle mochte ich schon, aber zu ihm hatte ich nie wirklich einen Draht. Er hatte so etwas… Verkniffenes an sich und musste immer furchtbar mit seinen Erfolgen prahlen. Aber ich dachte, das ist manchmal bei kleinen Menschen so, sie haben viel zu kompensieren. Vielleicht habe ich auch gespürt, dass er neidisch war auf dich. Aber dass so etwas passieren würde…«

»Vielleicht haben Frauen doch den besseren Instinkt«, seufzte Claus. »Aber das ist nicht die einzige Bredouille, in der ich gerade stecke. Es hat sich herumgesprochen, dass ich mich von Yvonne beraten lasse, sie haben alles falsch verstanden, und jetzt geht mein Ruf gerade den Bach runter, weil sie denken, ich würde auf eine Wahrsagerin hören…«

»O nein! Weißt du schon, was du tun wirst?«

»Ich sehe eigentlich nur eine Lösungsmöglichkeit – ich muss Yvonne in der Firma präsentieren und hoffen, dass sie meine Leute ähnlich überzeugt wie mich!«

Sechste Erkenntnis:
Kerngeschäft Mensch

Gleich am nächsten Morgen, noch während des Frühstücks, versuchte Claus Yvonne zu erreichen – wie üblich ohne Erfolg. »Wieso kann sie sich kein Handy anschaffen?«, schimpfte er. »Heutzutage hat doch wirklich jeder eins!«

»Sie wird wohl Gründe dafür haben«, sagte Christiane trocken.

Der Vormittag in der Firma verlief stürmisch. Unangemeldet kam Frank Ellermann in sein Büro. Von der Freundlichkeit, die er bei ihren letzten Besprechungen gezeigt hatte, war nichts mehr zu spüren. Seine Stimme war scharf. »Wir müssen eine Betriebsversammlung ansetzen. Die Leute wollen Klarheit. Es gibt einiges zu besprechen.«

Claus entschied, sich gar nicht erst in die Defensive drängen zu lassen. »Geht klar. Ich werde die Chance nutzen, den Leuten den zukünftigen Kurs der Firma zu verdeutlichen und ihnen zu erklären, wie ich mir den weiteren Wandel vorstelle. Wie wäre es mit nächstem Montag, in fünf Tagen also, um drei?«

»Geht klar«, sagte Ellermann. »Gut, dass Sie gleich einverstanden waren. Sonst hätten die Leute, fürchte ich, Ärger gemacht.«

Keiner von ihnen spielte auf die Sache mit der Wahrsagerin an, doch beide wussten, wovon die Rede war.

Erst am späten Vormittag schaffte es Claus, die Seelenmalerin an den Apparat zu bekommen. Schnell schloss er seine Bürotür, damit Mona Talbach nicht jedes Wort mitbekam. »Yvonne, ich habe ein Problem«, sagte er und erklärte, worum es ging. »Du kannst dir vorstellen, was hier los.«

»Du hast das Gefühl, dass alle gegen dich sind?«

»Herrgott, du redest ja, als würde ich bei einem Psychotherapeuten auf der Couch liegen! Wir müssen das Problem gemeinsam lösen. Tu mir bitte den Gefallen und komm noch einmal in die Firma, diesmal, um dich den Leuten vorzustellen. Montag um drei haben wir Betriebsversammlung.«

»Claus«, sagte Yvonne, und Claus hörte, wie sie zögerte. »Das geht leider nicht. Ich trete nicht mehr öffentlich auf. Es tut mir leid.«

»Verdammt, du kannst mich jetzt nicht einfach im Stich lassen!«

»Du bekommst das schon hin. Ich glaube, du machst dir viel zu viele Sorgen. Gib eine Erklärung ab, um das Bild zurechtzurücken, und innerhalb von zwei Wochen ist das alles wieder im Lot. Du wirst sehen, solche Sachen sind schnell vergessen.«

»Im Gegenteil. Ich glaube, solche Gerüchte verschwinden nie ganz, wenn man sie nicht wirklich gründlich ausräumt. Bitte komm zu der Betriebsversammlung.«

»Es geht wirklich nicht«, sagte Yvonne, und dabei blieb sie.

Erschöpft ließ sich Claus in seinem Sessel zurücksinken. Sein Telefon klingelte, aber er sah auf dem Display, dass es sein Onkel war und nahm nicht ab. Im Moment hatte er schon genug Ärger am Hals.

Das Telefon klingelte wieder. Doch diesmal zeigte es Yvonnes Nummer an. Claus' Herzschlag beschleunigte sich kurz. Sie hat es sich anders überlegt, dachte er und nahm ab. »Ja, Yvonne?«

»Wir haben ganz vergessen, einen Termin für die nächste Erkenntnis zu machen. Wenn du sie noch hören willst.«

»Ja, ja, doch – ich finde unsere Gespräche sehr inspirierend«, sagte Claus entmutigt. »Wann hast du Zeit?«

»Ich bin diese Woche nicht oft in der Gegend, aber am Donnerstagabend besuche ich eine Vernissage in Düsseldorf. Komm doch einfach dorthin und bring Christiane mit. Sicher findet sich da die Gelegenheit, ein bisschen zu plaudern.«

Am Donnerstag hatte ein befreundetes Ehepaar sie zum Essen eingeladen, aber Claus sagte kurzerhand »Geht klar« und notierte sich die genauen Daten. Donnerstag war gut, da hatte er noch einmal die Chance, Yvonne zu bearbeiten und vielleicht umzustimmen. Er brauchte sie bei der Betriebsversammlung!

Die Galerie, in der die Vernissage stattfinden sollte, hieß Kunstfabrik.

»Ich glaube, ich komme von den Fabriken nicht los«, brummte Claus, als sie in seinem Auto auf dem Weg zu der Galerie waren. »Das letzte Mal hat Yvonne dauernd von Ideen- und Denkfabriken geredet, jetzt sind wir bei der Kunstfabrik, und ich selber habe eine Metallfabrik.«

»Ist halt dein Schicksal«, sagte Christiane und lachte. Sie wirkte viel gelöster, seit sie sich die halbe Nacht lang ausgesprochen hatten. Claus war entschlossen, diese Chance zu nutzen und in Zukunft auch in seiner Beziehung nicht mehr die alten Fehler zumachen.

Als sie ankamen, war die Vernissage bereits in vollem Gange. Rund fünfzig Leute bestaunten die Werke von Christophe Bouchet, der in einer Ecke saß und dem Treiben wohlwollend zusah. Claus und Christiane schlenderten an einem fast sieben Meter langen Bild vorbei, auf dem in kräftigen Farben lächelnde Frauenköpfe dargestellt waren. Doch etwas irritierte Claus: Die Anzahl der Augen passte nicht zu der Zahl der Gesichter. Bouchet hatte immer zwei Köpfe gemalt, aber nur drei Augen. Das linke Auge des gemalten Mädchens war identisch mit dem rechten Auge des nächsten Mädchens.

Christiane hatte es ebenfalls bemerkt. »Schau mal, in allen Bildern hat er das mit den drei Augen.«

»Was meint er damit? Ich blicke noch nicht ganz durch.«

»Hm, wahrscheinlich, dass wir alle zusammengehören, dass kein Mensch allein bleiben soll«, meinte Christiane und begeisterte sich: »Wirklich herrliche Farbstimmungen, und die Pinselführung ist unheimlich gut. Dieser Bouchet ist wirklich ein Könner.«

Auch Claus gefielen die Bilder, obwohl er den meisten modernen Malern nicht viel abgewinnen konnte. Aber diese Werke hatten eine starke Ausstrahlung. Allerdings nicht stark genug, um Claus von den Problemen in seiner Firma abzulenken.

»Siehst du Yvonne?«, fragte er unruhig. »Ist sie schon da?«

»Ich sehe sie noch nicht, aber du kennst sie doch. Sie wird wahrscheinlich als Letzte eintrudeln.«

Christiane hatte Recht. Yvonne rauschte kurz darauf rein, ging direkt auf den Maler zu – einen gebeugt gehenden, etwas gebrechlich wirkenden älteren Mann – und umarmte ihn herzlich. Dann stellte sie ihn Claus und Christiane vor: »Das ist Christophe Bouchet. Von ihm sind die Bilder, die ihr hier seht.«

Claus schüttelte dem Maler die Hand und merkte, dass Bouchet sich offensichtlich beim Zuhören sehr konzentrierte. Yvonne erklärte: »Christophe ist Franzose, und er war bis vor kurzem taub. Deshalb seid bitte so nett und sprecht ein bisschen langsamer.«

Christophe Bouchet lächelte und legte den Kopf ein bisschen zur Seite, damit er besser hören konnte. Claus sagte: »Ich finde Ihre Bilder wirklich fantastisch, Herr Bouchet. Haben Sie jemals einen einzelnen Menschen gemalt?«

»Nein«, antwortete Christophe Bouchet, »ich male nur so.«

»Das«, sagte Yvonne, »ist genau der Grund, warum wir heute hier sind. Christophe Bouchets Philosophie ist die Zusammengehörigkeit. Er ist übrigens berühmt geworden als einer der bekanntesten Maler der Berliner Mauer. Einfach war das nicht, er hat teilweise auf der Straße gelebt – aber er wollte seinen Beitrag zum Fall der Mauer leisten. Heute ist er ein arrivierter Künstler, nicht wahr, Christophe? Er wird, so wie es aussieht, Anfang nächsten Jahres auf eine Welttournee gehen. In vierzig Städte. Jeder Stadt wird er ein Bild schenken.«

Eins der Werke gefiel Claus besonders – sieben Gesichter mit acht Augen. Er beriet sich noch einmal kurz mit Christiane und entschied dann, es für einen der Besprechungsräume in der Firma zu kaufen.

> ## Keiner gewinnt alleine.

Yvonne plauderte noch eine Weile mit Bouchet, doch langsam wurde Claus ungeduldig: »Wir gehen schon mal in dieses hübsche Bistro nebenan … da findest du uns …«

Nach einer halben Stunde gesellte sich Yvonne zu ihnen, und beim Espresso fragte Claus schließlich: »So, Yvonne, was ist denn jetzt die sechste Erkenntnis? Hat sie irgendetwas mit Bouchet zu tun?«

»Sie lautet: Kerngeschäft Mensch durch Kopplung. Christophe Bouchet hat das mit seinen Bildern sehr gut dargestellt. Er sagt: Wir gehören alle zusammen. Er meint das natürlich übergreifend für jeden Menschen, aber das Gleiche gilt auch für Firmen. Keiner gewinnt allein.«

»Ah«, sagte Claus interessiert. »Das ist sozusagen die Fortsetzung zum Netzwerk-Gedanken, von dem du mir schon erzählt hast, oder?«

»Ja. Ein Unternehmen muss, um wachsen zu können, andocken, es muss sich koppeln. Das mag sich sehr einfach anhören, aber die meisten vergessen es. Natürlich wird es produktbezogene Beispiele geben. Aber die Frage ist immer: wie lange? In kürzester Zeit wird es einem Wettbewerber gelingen, das gleiche Produkt ein bisschen besser oder billiger anzubieten.« Yvonne seufzte. »Natürlich kann ein Unternehmen versuchen, mit einer Produktstrategie erfolgreich zu sein, nur der Kraftaufwand, der dafür betrieben wird, um es dauerhaft zu schaffen, wird immer größer und manchmal nicht mehr bezahlbar sein. Weil man immer noch von einem Frontendenken ausgeht: Hier sind wir, und dort ist der Markt der Kunden.«

Claus nickte. »Endlich mal etwas, was wir schon umgesetzt haben: Wir sind dabei, uns möglichst intensiv mit den Kunden zu vernetzen und intensive dauerhafte Beziehungen aufzubauen. Aber du willst offensichtlich noch weiter gehen, richtig?«

»Ja, es muss weiter gehen«, bestätigte Yvonne. »Kopplung hat einen völlig anderen Ansatz. Kopplung denkt nicht in Produkt- oder Dienstleistungskategorien, sondern fängt genau am anderen Ende an. Kopplung heißt, sich mit Menschen zusammenzutun – Kunden oder Partnern beispielsweise, Zielgruppen oder Interessengruppen. Das ist im besten Fall die eigene Community, eine Gemeinschaft Gleichgesinnter.«

Yvonne hatte sich wieder in Begeisterung geredet, ihr Espresso stand unbeachtet vor ihr. Allerdings hatte sie bei ihrem Stück Schokoladentorte gute Fortschritte gemacht. »Der Unterschied ist klein, aber das Ergebnis ist phänomenal. Koppeln wir uns an Produkte, können wir nur hoffen, dass wir möglichst lange konkurrenzlos bleiben. Koppeln wir uns an Menschen, können wir mit ihnen immer wachsen. Welche einzige Strategie kannst du dir vorstellen, die in fünfzig Jahren noch Gültigkeit hat?«

»Bis dahin wird sich die Welt komplett verändert haben... sorry, keine.«

»Meiner Meinung nach ist die einzige Grundlage einer Unternehmensstrategie, die so lange gültig bleiben könnte, eine Strategie, die auf Menschen basiert. Sehr wahrscheinlich wollen die Leute in fünfzig Jahren völlig andere Dinge haben. Aber es liegt an dir, die Kunden damit zu versorgen, was sie aktuell am meisten wünschen. Kopplung heißt das

Andocken an eine klar definierte Zielgruppe. Oder noch besser: an eine Interessensgruppe.«

➤ **Die Zukunftsfirma ist eng gekoppelt an eine Interessentengruppe. Sie ist Teil einer Community.**

»Wo liegt der Unterschied?«

»Ich gebe dir mal ein Beispiel für eine Interessengruppe«, sagte Yvonne und zündete sich mit ihrem goldenen Eiffelturm-Feuerzeug eine Zigarette an. »Stell dir einmal das Münchner Olympiastadion vor, eines der wichtigen Spiele, das Stadion ist voll ausgebucht. Der Vorstandsvorsitzende von Siemens hat entschieden, sich mit seinen Kindern dieses Spiel anzuschauen. Er wird sicherlich auf den für ihn reservierten Parkplatz Bayern Münchens gebeten, und vielleicht kann er nachher noch mit Franz Beckenbauer reden. Ihm gegenüber steht jemand, der auf der Straße lebt. Er hat das Glück gehabt, dass er genau diese Eintrittskarte gefunden hat und so sein Traum wahr wird, einmal ein Endspiel live zu erleben. Für neunzig Minuten haben beide Männer das gleiche Interesse, sie wollen, dass Bayern München gewinnt. Aber nach Spielende gehen beide wieder zurück in ihre eigene Welt.«

»Also ist meine Aufgabe, die Leute herauszufiltern, die ein bestimmtes Interesse haben.«

»Ja, und das ist gar nicht so einfach, weil sie aus unterschiedlichen Bevölkerungsschichten und der ganzen Welt kommen.«

➤ **In Zukunft haben Zielgruppen nur noch eine Gemeinsamkeit: ihr Interesse.**

»Mit anderen Worten, es gibt wieder einmal reichlich Gelegenheit für Managementfehler …«, lächelte Claus.

»Der Fehler besteht in dem Fall wieder einmal darin, dass viel zu viele Manager alles beeinflussen möchten. Sie wollen bestimmen, was als Nächstes vorgestellt wird. Sie wollen, wenn es sein muss mit Unterstützung der Werbung, das in den Markt hineinbringen, was sie selbst als richtig definiert haben. Das kann nicht dauerhaft funktionieren.«

»Aber sind denn normale Unternehmen flexibel genug, um die umgekehrte Strategie zu fahren und vom Kunden auszugehen?«

»Eben nicht. Letzten Endes wird nur ein virtuelles Unternehmen in der Lage sein, diese sechste Erkenntnis umzusetzen. Traditionelle Firmen sind viel zu unflexibel, als dass sie auf die Kundenbedürfnisse schnell und präzise genug reagieren könnten«, sagte Yvonne. »Die Lösung vieler Unternehmen ist, vom Produktdenken auf Community-Denken umzuschalten.«

»Was meinst du mit einer Community?«, fragte Christiane unsicher.

»Eine Community ist eine Gemeinschaft von Kunden«, erklärte Yvonne. »Sie müssen einen Mehrwert geboten bekommen, damit es für sie Sinn macht, bei dieser Community mit dabei zu sein. Das können spezielle Events sein, Angebote, die nur für sie bestimmt sind, Know-how, das nur ihnen zur Verfügung gestellt wird und Ähnliches. Wir werden also immer mehr mit unseren Kunden und Partnern verschmelzen. Koppeln wir uns, werden wir ein Bestandteil des gesamten vernetzten Systems sein.«

Community-Denken löst Produktdenken ab.

Yvonne vertilgte mit Genuss die letzten Krümel ihrer Schokoladentorte. Claus beobachtete sie und musste wieder an die Betriebsversammlung denken, die ihm in wenigen Tagen bevorstand. »Also, wenn ich die Erkenntnisse mal Revue passieren lasse«, meinte er, »dann ist es nicht gerade leicht, sie Außenstehenden zu vermitteln.«

»Dir wird nichts anderes übrig bleiben, du musst dein Management darauf einschwören.«

»Das mache ich auch. Ich werde es in meiner Firma umsetzen«, bekräftigte Claus. »Aber ich kann das nicht so überzeugend vortragen wie du. Du weißt doch, was der Prophet im eigenen Lande gilt. Und die Leute sind unheimlich gespannt auf meine geheimnisvolle Beraterin im Hintergrund.«

Yvonne seufzte. »Ich habe dir doch gesagt, dass ich nicht mehr öffentlich auftrete …«

Jetzt mischte sich Christiane ein: »Aber Yvonne! Das entspricht gar nicht deiner eigenen Erkenntnis. Keiner gewinnt alleine, hast du gesagt. Und jetzt lässt du Claus in dieser Situation sitzen und erwartest, dass er sie ohne jede Unterstützung von dir meistert. Und das, obwohl ihr doch eigentlich immer an einem Strang gezogen habt und du ihm so mit dem Wandel in seiner Firma geholfen hast!«

O je, dachte Claus bei sich. Das geht aber ziemlich ans Eingemachte. Ob sie darauf anspringt?

Mit einem hellen Klappern ließ Yvonne die Gabel auf ihren Kuchenteller zurückfallen. »Meine liebe Christiane …«

»Bitte«, sagte Christiane. »Es ist doch nur eine Betriebsversammlung, kein öffentlicher Vortrag oder so etwas. In ein paar Stunden ist es vorbei, und du hast die Chance, den Wandel in Claus' Firma wirklich voranzubringen. Wenn du es nicht tust, dann wird das, was dein Seelenbild der Berning GmbH zeigt, vielleicht nie Wirklichkeit!«

»Okay, okay«, sagte Yvonne und seufzte tief. »Ich werde am Montag da sein. Wie viel Uhr?«

»Um zwei«, sagte Claus schnell.

Yvonne lächelte. »Am Telefon hast du noch gesagt, es wäre um drei.«

»Ähm ...«

»Ist schon in Ordnung, ich kenne mich ja. Aber diesmal werde ich pünktlich sein. Versprochen.«

Auf dem Heimweg im Auto suchte Claus die Hand seiner Frau. »Danke für deine Unterstützung. Das war wirklich teuflisch geschickt von dir, sie mit ihrer eigenen Erkenntnis zu ködern.«

»Ja ...«, meinte Christiane. »Aber ich mache mir trotzdem noch ein bisschen Sorgen, ob das am Montag klappt. Gut, sie hat versprochen, dass sie nicht zu spät kommen wird wie sonst. Aber wenn sie in diesem scheußlichen Outfit auftaucht, wird niemand sie ernst nehmen. Sie wirkt nun mal eher wie eine Wahrsagerin denn wie eine Unternehmensberaterin. Was ist, wenn der Schuss nach hinten losgeht?«

Claus' Erkenntnis-Tagebuch: Kerngeschäft Mensch.

In Unternehmen ist der Mitarbeiter eine entscheidende Ressource und draußen der Kunde. Der Kunde wird zum Partner, und Partner werden zu einer Community. Zu einer Gemeinschaft Gleichgesinnter.

Kopplung ist das Schlüsselwort. Es ist nicht die Kopplung an technologische Entwicklung, das kommt erst an zweiter Stelle. Es ist die Kopplung an eine oder mehrere Zielgruppen oder noch besser: an Interessengruppen.

Das Ziel ist es, vor dem Bedarf zu agieren. Gemeint ist ein systematisches Konzept, bei dem die Träume, Wünsche und Probleme der Kunden im Mittelpunkt stehen. Und noch wichtiger wird es sein, Innovationen zu entwickeln, die der Kunde und Partner als Defizit empfindet, aber selbst noch nicht als Bedarf artikuliert hat. Wie es zum Beispiel beim Walkman von Sony war.

Zielgruppen-Know-how geht noch vor Produkt-Know-how. Vielleicht würde es noch besser lauten, wenn man sagen würde: Zielgruppenpartnerschaft ist besser als Produktbesitz. Die Perspektiven sind sehr reizvoll. Durch eine Kopplung kann ich mit dem Bedarf des Kunden mitwachsen.

Je mehr ich mit meiner Community verschmelze, umso mehr werde ich als Nr. 1 akzeptiert!

An diesem Wochenende fiel es Claus schwer, sich zu entspannen. Er dachte intensiv darüber nach, was er bei der Betriebsversammlung sagen wollte. Nicht auszudenken, wenn sie scheiterten, wenn die Mitarbeiter endgültig abblockten. Was sollte er dann der Bank sagen? Sie hingen ihm schon im Nacken, wollten einen Termin für eine endgültige Präsentation festlegen. Die Zeit war so schnell vergangen, seit Dr. Kränzel ihm das Ultimatum gestellt hatte!

Und dann war es auf einmal Montag. Mit auf dem Rücken verschränkten Händen stand Claus neben dem Projektor und beobachtete, wie der große Besprechungsraum sich füllte. Mehr als füllte. Es war erst Viertel vor drei, und schon waren nur noch Stehplätze zu haben. Jenny Donat, die Claus vergnügt zuzwinkerte, besorgte irgendwoher Klappstühle und begann, sie aufzustellen. Von Yvonne war nichts zu sehen. Verdammt!

Ebenso schweigend standen Richard Ulrich und Milan Dragovic neben ihm. Nach Small Talk war keinem zumute. Christiane saß in der ersten Reihe im Zuschauerraum. Ab und zu trafen sich ihre Blicke, und Claus fühlte jedes Mal einen Funken neuer Zuversicht. Es tat gut, dass Christiane wieder fest zu ihm hielt, auf seiner Seite stand. So wie früher.

Wieder warf Claus einen Blick auf die Uhr. Es war drei. Wo blieb Yvonne?

Die Frage beantwortete sich ein paar Sekunden später von selbst. Neugierig wandten die Mitarbeiter die Köpfe, als eine gepflegt aussehende Frau um die vierzig mit hoch getürmtem blonden Haar in einem dunkelgrauen Kostüm mit passendem bunten Seidentuch und hochhackigen Schuhen den Saal betrat. Claus blieb der Mund offen stehen.

»Hallo Claus«, sagte Yvonne und begann seelenruhig, aus ihrem schwarzen Trolley-Koffer einen superflachen Laptop auszupacken. Mit geübten Handgriffen schloss sie ihn an den Beamer an, der auf dem Tischchen am Kopfende des Raumes stand. Management und Mitarbeiter der Berning GmbH beäugten sie neugierig.

»Ich würde vorschlagen, dass wir gleich anfangen, wenn du bereit bist«, krächzte Claus. »Ich stelle dich kurz vor. Aber was zum Teufel soll ich sagen?«

»Denk dir was aus«, zischte Yvonne zurück. »Kleiner Tipp: Mein Nachname ist Delaurence.«

Claus ging nach vorne und hob die Hand, um zu zeigen, dass er etwas sagten wollte. Langsam legte sich das Summen im Saal, alle Augenpaare richteten sich auf ihn.

»Es gab ein paar Missverständnisse in letzter Zeit«, sagte Claus. Die Akustik war so gut, dass er kein Mikro brauchte. »Die Wahrheit ist, dass ich die Situation unserer Firma in den letzten Wochen mit einer Beraterin durchgesprochen habe. Yvonne Delaurance ist Consultant mit Schwerpunkt Change-Management und berät Firmen in Zukunftsthemen. Gleichzeitig ist sie auch als Malerin erfolgreich; das neue Bild, das in unserer Eingangshalle hängt, hat sie geschaffen. Ich habe sie gebeten, heute noch mal zu erklären, was für Trends die Wirtschaft in Zukunft prägen werden und was das für unsere Firma bedeutet. Frau Delaurence, vielen Dank, dass Sie gekommen sind.«

Zögernder Beifall rauschte auf.

Yvonne trat nach vorne. Sie lächelte die Mitarbeiter an, und ihre Lachfalten bildeten einen Strahlenkranz um ihre Augen. Claus war überwältigt. Diese Frau war ein Phänomen. Irgendwie schaffte sie es, gleichzeitig seriös und absolut sympathisch zu wirken, ohne die kühle, zahlenorientierte Aura, die so viele Managementberater besaßen. Was natürlich daran lag, dass sie eigentlich eine Seelenmalerin war. Aber sie war auch in dieser Rolle so überzeugend, dass er das einen Moment lang selbst vergessen hatte.

»Sie haben schon eine Menge Umbrüche erlebt«, begann sie, und ihre warme Stimme war im ganzen Raum deutlich zu hören. »Ganz wenige sind unter Ihnen, die als Kind etwas vom Zweiten Weltkrieg mitbekommen haben. Und was war danach nicht alles los: Flower Power, der Zerfall der Sowjetunion, der Fall der Mauer. Die technischen Veränderungen der letzten zehn Jahre waren nicht weniger wichtig: Auf einmal stehen Computer in vielen Haushalten, in Büros sowieso. Auf einmal sind überall Internet-Adressen aufgedruckt, und alle Ihre Bekannten haben irgendwo einen E-Mail-Account. Sie selbst sind auf Knopfdruck Teil eines weltumspannenden Datennetzes.«

Es war vollkommen still im Saal. Sie hat ihre Aufmerksamkeit schon gewonnen, dachte Claus. Ein guter Anfang.

»Mir ist es selbst nicht leicht gefallen, mich an all diese Veränderungen zu gewöhnen«, fuhr Yvonne fort. »Sie wissen alle, wie weh Wandel manchmal tut: Man muss sich von lieb gewonnenen Gewohnheiten trennen, von Routine Abschied nehmen, ist plötzlich gezwungen, Dinge, die man jahrelang auf eine bestimmte Art gemacht hat, anders anzupacken.«

Zustimmendes Kopfnicken im Publikum. Claus spürte, dass die Stimmung jetzt nicht mehr aufgeladen war, sondern sich entspannt hatte. Er tauschte wieder einmal einen Blick mit Christiane in der ersten Reihe. Sie zeigte ihm den erhobenen Daumen: Auch sie spürte also, dass es gut lief.

»Da sich die Wirtschaft radikal verändert, wird uns keine Wahl bleiben. Es ist keine Lösung, den Veränderungen hinterherzuhinken, sie uns aufzwingen zu lassen. Denn dann wird der Wandel garantiert schmerzhaft. Die beste Lösung ist, sich die Zukunft voll Neugier und Mut selbst zu erobern. Vor dieser Wahl stehen Sie jetzt an Ihrem Arbeitsplatz, in der Berning GmbH…«

Mit einem Knopfdruck auf ihrem Computer ließ Yvonne den Beamer ein Bild an die Wand projizieren. Claus wunderte es kaum noch, dass es die erste Seite einer ausgefeilten Powerpoint-Präsentation war. Er las:

1. Benutzen statt Besitzen

»Sie haben es alle gespürt und gehört. Banken haben ihre Kreditpolitik neu überdacht und haben mit dem Basel II-Abkommen erheblich verschärfte Richtlinien zur Vergabe von Krediten definiert. Wenn auch die offizielle Einführung per Stichtag noch vor uns liegt, so ist doch das interne Handling der Banken bereits darauf abgestimmt. Grundidee ist es, die Kreditvergabe von einem Ranking der Risikofaktoren abhängig zu machen. Durch diese Risiken und Chancen entsteht ein individueller Index.

Von diesem Index werden die Kosten und die Höhe der Kredite abhängig gemacht. So werden, wenn das Risiko hoch ist, teure Kredite vergeben oder günstige, wenn das Risiko als gering betrachtet wird.

In einer solchen Situation befinden Sie sich mit Ihrem Unternehmen. Kredithöhe und Kosten verschlechtern sich aufgrund Ihres Index. Jetzt können Sie jammern und mit dem Finger auf die Banken zeigen. Oder es als Chance betrachten. Denn früher oder später wird jedes Unternehmen, das kein sinnvolles Zukunftskonzept hat, in eine solche Situation geraten.

Parallel dazu entwickelt sich die Weltwirtschaft. Es findet eine Business Revolution statt, nach der kein Stein mehr auf dem anderen bleiben wird. Auch das können Sie bedauern. Aber es ändert nichts. Wir sind weltweit in einer dramatischen Umbruchsituation. Schlaraffenland ist abgebrannt. Sie können die Business Revolution verdammen. Wenn Sie sie allerdings als Herausforderung sehen, dann können Sie den Umbruch auch anders definieren. Lassen Sie das ›R‹ weg. Dann lesen Sie ›Evolution‹. Mit anderen Worten: Die Natur definiert Fortschritt nicht als Revolution, sondern als Weiterentwicklung und somit als Evolution. Lernen wir daraus.

Eine der tragenden Säulen dieser neuen Entwicklung ist es, dass wir uns konsequent von allem trennen müssen, was in einer hyperflexiblen Welt als Ballast gilt. Und das ist Eigentum. Wir sehen dies allerdings als Chance, nicht als Verlust.

➤ **Veränderung ist Chance, nicht Verlust.**

Deshalb lautet die erste Erkenntnis: Benutzen statt Besitzen. Wir werden immer mehr Produkte, Maschinen, Anlagen und Dienstleistungen zwar regelmäßig nutzen, aber am Erwerb gar nicht mehr interessiert sein. Weil es Ballast ist und die Flexibilität erheblich reduziert. Natürlich tut es weh, wenn wir eigentlich lieber alles behalten wollen. Besitz ist eines unserer wichtigsten Ziele. Sagte man uns bisher. In der Zukunftsfirma dreht es sich allerdings genau ins Gegenteil.

Das gilt auch für die Berning GmbH. Maschinen zu kaufen, und davon möglichst viele, lässt sich schon aus zwei Gründen nicht mehr realisieren. Erstens wird es Ihrer Kreditlinie zugerechnet, und damit wissen Sie, dass es zurzeit gar nicht machbar ist, und zweitens wird Besitz regelrecht zu einem Klotz am Bein, wenn sich die Anforderungen Ihrer

Kunden verändern. Und das passiert, soweit ich es von Herrn Berning gehört habe, auch in Ihrer Firma immer häufiger.

Es gibt andere Lösungen: Leasing und Miete auf der einen Seite oder gar die Abschaffung der Produktionseinheit auf der anderen Seite. Schließlich gibt es die Maschinen, die Sie benötigen, bereits auf dieser Welt, und die werden, so können wir annehmen, auf Auslastung warten. Letztlich aber brauchen Sie gar nicht mehr selbst produzieren. Sie brauchen lediglich die Vermarktungskompetenz und die Beziehungen zu Ihren Kunden und Partnern.«

Ein Raunen ging durch den Saal. Zielsicher hatte Yvonne als Erstes die heiligste aller Kühe angegriffen. Auch einige Buh-Rufe waren zu hören. »Es ist ja nicht Ihre Firma«, rief ein Arbeiter aus den hinteren Reihen. Und setzte zornig hinterher: »Reden Sie doch endlich mal aus der Praxis!« Yvonne blieb gelassen. Sie sah ihm in die Augen und sprach ihn direkt an.

»Ich rede in der Praxis.«

»Davon merkt man aber nichts!«

Einen Moment verharrte Yvonne, dann sagte sie mit fester Stimme:

»Doch. Ich rede in und aus der Praxis. Ich verändere Ihren Geist, Ihr Bewusstsein und Ihre Einstellung.«

▶ **In der Zukunftsfirma arbeiten Menschen mit neuem Bewusstsein und neuen Einstellungen.**

»Schließlich wird kein Weg daran vorbeiführen, dass wir auf dem Weg zu einem produktionslosen Unternehmen sind.

Produziert wird dort, wo es am besten und günstigsten geht.
Sie können mit Ihrer eigenen Fabrikation gar nicht mehr
schnell genug auf alle Marktsituationen reagieren. Gehen Sie
lieber den Schritt vor allen anderen. Ich sehe es als Chance.
Ihr Know-how wird gefragt sein, denn Sie legen die Bedingungen fest, nach denen weltweit produziert wird. Sie müssen hier lediglich die Qualitätsstandards einhalten und über-
prüfen.

Sie müssen als Berater, quasi als Unternehmensberater
Ihren Produzenten zur Verfügung stehen. Sie reduzieren die
Abhängigkeit und steigern Ihre Absatzmöglichkeiten. Und
in Konsequenz werden sich auch neue Perspektiven für Sie
alle ergeben. Mehr Geld und mehr Wachstum.

Sehen Sie es als Chance.«

Einen Moment war es still. Claus konnte spüren, wie sich
die Situation ein wenig entspannte. So hatten es viele nicht
gesehen. Die erste Erkenntnis schien vom Prinzip her akzeptiert. Jetzt galt es, die Erkenntnis in den nächsten Monaten wirklich umzusetzen. Aber das war ja nur der Anfang.

Als wäre es das gedankliche Stichwort für Yvonne gewesen, fuhr sie mit ihrer Präsentation fort:

»Die entscheidende Frage lautet für uns alle: Wie sieht die
Zukunftsfirma aus?« Sie wechselte zum nächsten Gliederungspunkt ihrer Präsentation.

2. Marktwirtschaft wird Netzwirtschaft

»Das ist die zentrale Botschaft für das Unternehmen der
Zukunft. Es gibt viele Namen für diese Revolution. Das vir-

tuelle Unternehmen, die Cyberspace Firma, die wissensbasierte Company, oder wie wir es einfach nennen: die Zukunftsfirma.«

> **D**as virtuelle Unternehmen ist die Cyberspace Firma, ist das virtuelle Unternehmen, ist die wissensbasierte Company.

»In einem Punkt sind sich alle einig. Die Unternehmenskonstruktionen, wie wir sie heute kennen, gehören der Vergangenheit an. Firmen als riesige Zusammenschlüsse vieler Einzelkolosse, die dann auch noch zentral geführt werden, sind zum Tode verurteilt. Fusionen werden immer mehr daraufhin befragt, ob eins und eins nicht etwa nur einskomma-fünf ergibt. Viele Fusionen von heute erweisen sich morgen schon als Ballast, und damit als Wettbewerbsnachteil.

Unser Tempo ist zu schnell, als dass wir uns alles einverleiben und verdauen könnten.

In dieser Zeit hat der Kunde schon wieder Appetit auf etwas Neues. Anders sieht es mit einem vernetzten Unternehmen aus, das auf Partnerschaften und Lizenzproduktionen setzt.

Die Zukunftsfirma wird genau untersuchen, was sinnvoll outgesourct werden kann. Sie wird dabei nach dem Leitsatz handeln: Kopf drin, Hände draußen.

Sie werden das Net, das Internet, als zentrale Steuerungsstelle drinnen wir draußen nutzen. Und Sie können 24 Stunden am Tag produzieren und entwickeln, weil Sie weltweite Partnerschaften eingegangen sind. Die Zukunftsfirma produziert immer weniger selbst. Alle Dienstleistungen, die nicht zur Kernkompetenz gehören, werden von Profis in anderen Firmen erledigt. Und ich betone das Wort ›Profis‹. Denn es ist wichtig, dass Sie streng darauf achten, sich mit hoch kompetenten Partnern zusammenzuschließen. Wenn Sie diese Regel einhalten, können Sie neue Wachstumshorizonte erreichen.

Bei der Wahl Ihrer Partner werden Sie sich auch ein Stück weit auf Ihre Intuition verlassen müssen. Denn Sie werden nicht alles in Verträge packen können. Vernetzte Systeme leben von der Partnerschaftsfähigkeit der einzelnen Menschen die dahinter stehen.«

Claus musste an seinen Ex-Freund und Partner in den USA denken. Wie Recht sie hatte. Moral, Fairness und Glaubwürdigkeit würden zukünftig eine ganz andere Rolle spielen, und diese wichtigen Faktoren kann man nicht schriftlich fixieren.

> **In der Zukunftsfirma gewinnen Moral, Fairness und Glaubwürdigkeit an Bedeutung.**

Man konnte an den Reaktionen sehen, dass es vielen einleuchtete, sie aber noch nicht so recht wussten, wie das umzusetzen war, was die Beraterin skizzierte.

Das nächste Chart untermauerte noch einmal die These: »Vom Bauen zum Vernetzen«.

Yvonne fasste zusammen:

»Die Zukunft gehört den Netzwerkern. Wir entwickeln uns von einer Marktwirtschaft zu einer Netzwirtschaft. Der Erfolg einer Zukunftsfirma wird davon abhängen, wie es gelingt, Partnerschaftssysteme aufzubauen, die eine vernetzte Firma in den Mittelpunkt stellen.

Die Natur wird als Vorbild dienen. Wir befinden uns im Zeitalter der Kybernetik.

Kybernetik bedeutet: Denken und Handeln in vernetzten Strukturen, die sich dynamisch anpassen können.«

Jetzt dachten sicher manche: »Zuerst geben wir unsere Maschinen auf, und dann auch noch unsere Fabriken. Schlimmer kann es ja wohl nicht mehr kommen!«

Gleichzeitig machte diese Frau da vorne den überzeugenden Eindruck, dass ihr die Menschen wichtig waren und dass sie an der Zukunft des Unternehmens und seiner Mitarbeiter wirklich interessiert war. Trotz der schmerzenden ersten beiden Erkenntnisse schien die Bereitschaft zum Zuhören eher gestiegen als gesunken.

Und schon wurde das nächste Chart an die Wand gebeamt:

3. Zugangscode für Beziehungen

Yvonne begann, die dritte Erkenntnis zu erläutern:

»Erfolgreiche Zukunftsunternehmen wechseln ihre Rolle. Bisher lag für viele der Fokus auf der Produktion und der Dienstleistung. Zukünftig wird die andere Seite entscheidend sein. Die Vermarktung und der Zugang zu Kunden und Partnern. Turnaround um 180 Grad. Bald wird der Wert eines Unternehmens nur noch an der Qualität seiner Beziehungen gemessen werden – vor allem an der Qualität seiner Beziehungen zu seinen Kunden. Es gilt, den Kunden für eine dauerhafte, möglichst lebenslange Beziehung zu gewinnen. Dazu müssen wir in der Lage sein, alle Leistungen zu bringen, die er wünscht. Das Wort ›Helfen‹ wird eine sehr zentrale Rolle spielen. Künftig gilt: ›Unser Geschäft ist es, unseren Kunden mit allen Mitteln zu helfen, selbst erfolgreicher und zufriedener zu werden.‹«

> **Das Kerngeschäft der Zukunftsfirma lautet: Helfen. Helfen Sie Ihren Kunden, selbst erfolgreicher und zufriedener zu werden.**

»Wenn Sie so wollen, werden Sie zu Unternehmensberatern Ihrer Kunden und versorgen sie mit den Konzepten, die sie für ihr eigenes Wachstum brauchen. Solange Sie helfen, Ihre Kunden erfolgreicher zu machen, wird Ihre Partnerschaft andauern. Ihre Einbindung in ein Netzwerk wird Ihnen die Flexibilität ermöglichen, das zu liefern, was für die Zukunft Ihrer Kunden entscheidend ist. So verbinden Sie Ihre Zukunft mit der Ihrer Kunden.

Der Zugang zu Kontakten, Kunden und Kooperationen wird wichtiger als Produkte, Maschinen und Anlagen. Und natürlich werden Sie nicht nur heiße Luft verkaufen.

Nur, was Sie Ihren Kunden anbieten, muss ja nicht von Ihnen selbst produziert werden. Es wird viel wichtiger sein, es zu erfinden und dann flexibel beschaffen zu können. Nach wie vor wird es Ihr Geschäft sein, den Anforderungen Ihres Partners zu entsprechen, nur dass Sie in Zukunft viel schneller und flexibler werden reagieren können.

Sie konzentrieren sich darauf, immer das Richtige zum richtigen Zeitpunkt zur Verfügung stellen zu müssen.«

> **D**ie Zukunftsfirma konzentriert sich darauf, das Richtige zum richtigen Zeitpunkt zur Verfügung stellen zu können.

»Produzieren – und vielleicht sogar Entwickeln – kann es jemand anderes. Einer der führenden Systemforscher Deutschlands, Wolfgang Mewes, brachte es mit der Entwicklung der evolutionskonformen Strategie auf den Punkt: Zielgruppenkompetenz ist wichtiger als Produktbesitz.

Jetzt können Sie über den Begriff ›Besitz‹ noch diskutieren. Aber die Grundidee ist frappierend einleuchtend.

Neue Techniken und Technologien werden es Ihnen ermöglichen, mit permanenten Feedbackschleifen immer am Ohr des Kunden zu sein und seine Wünsche und Träume aufnehmen zu können. Vielleicht wissen Sie eines Tages, was der Kunde will, bevor der Kunde es selbst weiß. Wir nennen es: ›Vor dem Bedarf arbeiten‹.

So haben Sie die Freiheit, auf alle Optionen, die Ihnen vom Kunden und von Partnern angeboten werden, bestens reagieren zu können.«

> **Arbeiten Sie »vor dem Bedarf«.**

»Was müssen wir also lernen? Die Kunst der Vermarktung und bestmögliche Beziehungskompetenz. Mit einem Satz: Vom Produzieren zum Vermarkten.«

Wieder ging ein Raunen durch den Saal. Manchen sah man schon an, wie sie bereits dabei waren, ihre eigenen Ideen in dieses Gedankengebäude einzubringen. Andere hatten bereits abgeschaltet: zu unvertraut. Zu neu.

In der ersten Reihe fragte ein junger Mann:

»Wie viele Themen kommen denn noch? Mit diesen dreien haben wir schon genug zu tun…«

»Und gerade die Hälfte erreicht«, griff Yvonne die Frage auf. »Denn es sind insgesamt sechs Schritte, die Sie auf dem Weg zur Zukunftsfirma gehen müssen.«

Wie auf Kommando erschien die leuchtende Schrift des Beamers.

4. Copyright des Wissens

»Oh Gott«, stöhnte jemand, »wir werden schon genug kopiert.«

»Dann machen Sie doch daraus ein System«, konterte Yvonne schlagfertig und fuhr fort:

»Die Fabriken der Zukunft sind Denkfabriken. Und damit sind wir gar nicht so weit entfernt vom klassischen Produzieren.

Sie systematisieren Ideen und schaffen Know-how, um dann Rechte, Patente, Lizenzen, Copyrights oder Markenzeichen zu vergeben.

Die Vorteile liegen auf der Hand. Keine Lagerkosten, keine Abschreibungen und keine Produktionsausfälle. Gefällt Ihnen das?« Manche klatschten spontan.

Die Stimmung wurde immer besser. Die Gesichter wurden freundlicher.

Jetzt wurden auch die Chancen klarer. Yvonne schmunzelte und schaute mit Stolz zu Claus hinüber, der jede Minute genoss. So hätte er es nie rüberbringen können. Sie schaltete den Beamer aus, um ihren Vortag fortzusetzen: »Schaffen Sie geistiges Eigentum«. Es folgten 30 Sekunden eindrucksvollen Schweigens. »Entwickeln Sie eine Spannungsbilanz, die Ihre Anziehungskraft und Attraktivität so erhöht, dass potenzielle Lizenzpartner von alleine auf Sie zukommen. Der Partner muss den Weg zu Ihnen finden, und nicht umgekehrt.«

> **Partner müssen den Weg zu Ihnen finden, nicht umgekehrt.**

»Und legen Sie Ihre alte Rolle des Mit-Arbeiters ab. Die Zukunftsfirma braucht Mit-Unternehmer. Sie braucht Mind-Worker. Menschen, die ihr Geld mit der Kraft ihrer Ideen und Gedanken verdienen.

Sie kennen diesen Begriff vielleicht im Kontext von Softwarefirmen oder Internet Service Companies. Aber im Prinzip muss jedes Unternehmen darüber nachdenken, wie es zum Think Tank wird, zu einem Unternehmen, das Wert darauf legt, möglichst viele Copyrights des Wissens zu erwerben. Die Copyrights werden zur Erlösquelle. Sie werden umgesetzt in Lizenzen oder Franchisesysteme. Bei der Berning GmbH verfügen Sie über spezielle Produktionskenntnisse. Überlegen Sie einmal, was Sie an Lizenzpartner vergeben können, wie Sie Ihr Know-how als Franchisesystem anbieten könnten.

Die Zukunftsfirma schafft immaterielle Güter statt materieller und ist damit erheblich dynamischer und grenzenlos wachstumsorientiert.«

 **Die Zukunftsfirma ist grenzenlos wachstumsorientiert.**

»Oder mit anderen Worten: von der Produktionsfabrik zur Denkfabrik.«

Es war still im Raum, als wenn alle die Luft anhielten. So weit hatten die meisten noch nicht gedacht. Im Grunde nicht einmal zu denken gewagt.

Allen im Raum wurde bewusst, dass sie selbst in Zukunft die entscheidende Rolle spielen würden. Jeder Einzelne. Denken kann man nicht delegieren. Da ist jeder Einzelne gefragt. Fast hatte man das Gefühl, als wollten einige aufstehen und anfangen. Jetzt. Sofort. So packend waren die Worte Yvonnes, dass man keine Zeit mehr verlieren wollte.

Und schon schaltete Yvonne zur nächsten Erkenntnis um:

5. Changement ersetzt Management

»Sie sind jetzt auf dem besten Wege, Ihre Firma neu zu begreifen und das Zukunftsunternehmen neu zu definieren. Wenn Sie so wollen, können Sie Ihr Business jetzt neu erfinden. Wenn es nicht eine wesentliche Blockade geben würde, an der die meisten Projekte scheitern. Das sind Sie selbst. Wir wissen, dass über achtzig Prozent der Menschen Angst vor Veränderung haben. Nach der ersten Begeisterung werden in den kommenden Monaten die Zweifler ein gewichtiges Wort mitreden.

Aber selbst wenn Sie den Turnaround schaffen und sich zurücklehnen wollen. Es wird nicht funktionieren. Wir müssen akzeptieren, dass wir uns in einer Welt des ständigen

Wandels befinden. Alles fließt. Veränderung, oder wie wir sagen, Changement wird zum Überlebensprinzip der Zukunftsunternehmen.«

> **Changement wird bis zum Ende dieses Jahrzehnts die wichtigste Erfolgsformel der Zukunftsunternehmen werden.**

»Wandel als Geschäftsprinzip. Ich weiß, es tut weh. Aber in einem Zeitalter des Hypertempos ist die Anpassungsgeschwindigkeit der zentrale Erfolgsschlüssel. Wer stehen bleibt, braucht schon nicht mehr weiterzulaufen.

Sie entscheiden mit Ihrer Einstellung, mit Ihrem Denken und Handeln, ob Sie zu einem Changement-Unternehmen werden wollen. Wir können immer weniger planen, kalkulieren und vorhersehen. Wir müssen nur ein System entwickeln, mit dem Sie sich schneller als andere auf neue Situationen einstellen können. Erfolge entstehen im Kopf. Misserfolge genauso. Sie haben die Wahl.«

»Das klingt alles nach operativer Hektik«, tönte eine Stimme aus dem Saal.

Yvonne lächelte. »Ja, Sie haben Recht, so klingt es vielleicht, tatsächlich aber gibt es eine klare Orientierung: Ihre Kunden und Partner sind Ihre Orientierung für den Wandel. Letztendlich zählt nur, was dem Kunden nützt. Der Erfolg beim Kunden ist die Messlatte für Ihren Erfolg. Darin sind wir uns sicher einig. Leider wird diese Grundregel in der Praxis immer wieder vergessen. Entscheidend ist nicht, was wir denken, sondern was unsere Kunden denken. Koppeln Sie sich eng an Ihre Kunden und Partner. Beschäftigen Sie sich intensiv mit deren Engpässen. Versuchen Sie, schon heute Lösungen für Probleme zu entwickeln, die Ihren Kunden und Partnern morgen erst bewusst werden. Werden Sie zum Ideenführer Ihrer Kunden.«

Wie zur Bestätigung erschien auf dem Display:

Vom Marktführer zum Ideenführer.

»Und noch eines dürfte dabei klar geworden sein: Die erfolgreichsten Unternehmen sind häufig auch die Innovationsführer. Nehmen Sie sich ein Beispiel an der Natur: Die Natur kennt das Wort ›Problem‹ nicht.

Die Natur kennt nur Engpässe, die eine Weiterentwicklung jetzt am meisten blockieren. Und so definiert die Natur Wachstum als die ständige Folge erfolgreich gelöster Engpässe.«

 Wachstum ist eine Folge erfolgreich gelöster Engpässe.

»Anders ausgedrückt, hat die Natur Changement lange vor uns erkannt und umgesetzt. Sie können auch sagen, dass Changement wie ein mentales Betriebssystem für Unternehmen wirkt. Das Wachstumspotenzial ist eng an die richtige Systementscheidung gekoppelt.

Eine kleine Idee noch für uns alle: Wenn Sie nur einen Buchstaben des Wortes ›Change‹ austauschen, das g, und ersetzen es durch den Buchstaben c, dann lautet das neue Wort ›Chance‹.«

Wieder ging ein Raunen durch den Saal. Die Zukunftsfirma, die am Anfang noch so abstrakt erschienen war und nichts mit der Berning GmbH zu tun zu haben schien, wurde immer greifbarer. Tatsächlich konnte hier eine Chance liegen. Nicht nur für den dauerhaften Fortbestand der Firma – auch für jeden Einzelnen. Würde nicht jeder einzelne Arbeitsplatz viel spannender werden? Wie zur Bestätigung leuchtete das nächste Chart auf:

6. Kerngeschäft Mensch

Yvonne fuhr engagiert fort, auch diese Erkenntnis zu verdeutlichen:

»Das Human Capital wird in Zukunft wichtiger als das Kapital. Oder besser gesagt: ›Erst der Mensch, dann die Strategie.‹ Mittlerweile gilt es außerdem als gesicherte Erkenntnis, dass die Wettbewerbsvorteile der erfolgreichen Firmen zum überwiegenden Teil auf *den Unterschieden* in der Persönlichkeit der Entscheider und dem Verhalten der Mitarbeiter und Führungskräfte zurückzuführen sind.«

> **Erst der Mensch, dann die Strategie.**

»Auch die demografische Entwicklung wird die These ›Kerngeschäft Mensch‹ untermauern. Wir werden bald immer mehr junge Alte haben und immer weniger Junge. Die Alterspyramide steht Kopf. Und das wird uns noch in diesem Jahrzehnt vor völlig neue Herausforderungen stellen. Bereits heute gibt es immer mehr Unternehmen, die nicht wachsen können, weil ihnen Schlüsselpersonen oder einfach Spezialisten fehlen.

Früher hat man die Kundengewinnung als Engpass definiert. Heute ist es immer häufiger die Gewinnung von Mitarbeitern.«

»Besser Mit-Unternehmer«, rief ihr ein junger Mann aus dem Publikum zu.

»Sehen Sie«, sagte Yvonne, »Sie sind schneller im Umsetzen, als ich dachte.«

Viele lachten.

»Sehen Sie, ich habe dieses Wort ›Partner‹ bereits öfter gebraucht. Partnerschaften mit Mitarbeitern, Kunden und Lieferanten werden die Regel sein, und nicht die Ausnahme. Und die potenziellen Partner werden immer mehr fragen:

›Welchen Sinn macht es, in diesem Unternehmen zu arbeiten, mit diesem Unternehmen zusammenzuarbeiten oder bei diesem Unternehmen zu kaufen?

Ist dieses Unternehmen nur darauf ausgerichtet, seinen eigenen Profit ohne Rücksicht auf andere zu steigern? Was ist die Moral dieser Firma, und hat sie überhaupt eine? Welchen Nutzen stiftet sie für andere? Dient das Unternehmen einem höheren Zweck, und hat es deshalb eine dauerhafte Existenzberechtigung?‹ Sie können es Ethik nennen. Ich frage ganz einfach:

Hat diese Firma eine Seele? Denken Sie darüber vielleicht einmal nach.«

➤ **Hat Ihre Firma eine Seele?**

»Und noch eins: Jedes erfolgreiche Unternehmen wird in Zukunft nicht mehr daran vorbeikommen, seine Partner am Erfolg des Unternehmens zu beteiligen.«

Viele waren jetzt tatsächlich sehr nachdenklich geworden. So etwas hatten sie noch nicht gehört.

Yvonne dagegen war so präsent wie im ersten Moment der Präsentation. Sie betätigte den Beamer:

Vom materiellen Vermögen zum immateriellen Kapital.

»Das immaterielle Vermögen wird das materielle erst schaffen. Nicht umgekehrt. Firmenverkäufe werden in Zukunft nach diesen Spielregeln bewertet werden. Der Mensch wird endlich die Bedeutung erhalten, die ihm zusteht. Vielleicht dachten wir, dass der Mensch schon immer zentral war, aber wovon ich spreche, bedeutet eine andere Dimension des Faktors Mensch im Unternehmen. Nichts wird mehr so funktionieren wie früher. Aber wenn Sie den Mut haben, sich an diesen neuen Spielregeln zu erproben, dann werden Sie vielleicht feststellen, dass dieses Neue für Sie sehr spannend werden kann. Schauen Sie es sich in Ruhe an«, Yvonne klickte das Chart an, »das ist Ihre Zukunftsfirma.« An der Wand erschien noch mal die Zusammenfassung.

Das ist Ihre Zukunftsfirma:

1. Benutzen statt Besitzen
   Vom Verkaufen zum Behalten

2. Marktwirtschaft wird Netzwirtschaft
   Vom Bauen zum Vernetzen

3. Zugangscode für Beziehungen
   Vom Produzieren zum Vermarkten

4. Copyright des Wissens
   Vom Dienstleister zum geistigen Eigentum

5. Changement ersetzt Management
   Vom Marktführer zum Ideenführer

6. Kerngeschäft Mensch
   Vom materiellen Vermögen zum immateriellen Kapital

Yvonne verneigte sich leicht vor den Zuhörern, und einen kleinen Moment lang merkte man ihr die Anstrengung an. Keiner sagte ein Wort. Noch waren alle zu gebannt von den letzten Worten. Dann wurde applaudiert, aber es war nicht sicher auszumachen, ob es ein höfliches Klatschen war oder ob die Leute wirklich im Boot waren.

Yvonne nickte Claus zu – das Zeichen, dass er wieder dran war. Seine Rede war kurz, aber ehrlich und sehr persönlich:

»Als ich all das erfahren habe, war ich natürlich schockiert, genauso wie Sie es wahrscheinlich bei manchen dieser Thesen waren«, gab er zu. »Aber ich – oder eher wir, das Management der Berning GmbH –, haben eine Verantwortung Ihnen gegenüber, wir haben die Aufgabe, Ihre Arbeitsplätze zu sichern. Deshalb dürfen wir uns keine strategischen Fehler erlauben, wir müssen unser kleines Traditionsunternehmen fit machen für die Zukunft. Wenn wir alle an einem Strang ziehen, bin ich sicher, dass das klappen wird. Lassen Sie uns gleich anfangen. Raus mit den Fragen, die Ihnen unter den Nägeln brennen.«

Angespannt wartete Claus auf die erste Wortmeldung. Jetzt war der Moment der Wahrheit gekommen. Würden sie ihn scharf angreifen, oder hatte Yvonne sie tatsächlich schwer ins Nachdenken gebracht?

Sofort fuhr ein Arm hoch. Claus unterdrückte ein Lächeln, als er sah, wem er gehörte: seiner Mindworkerin Jenny Donat. »Eins frage ich mich«, sagte sie höflich, aber mit einem deutlich angriffslustigen Ton in der Stimme, »wieso reagieren wir erst jetzt auf diese ganzen Entwicklungen? Sie zeichnen sich doch schon seit gut drei Jahren ab.«

Dankbar dachte Claus: Die Frage klingt kritisch, aber sie arbeitet mir entgegen. Gut gemacht, Jenny! »Das ist ein Stück weit meine Schuld«, antwortete Claus. »Ich war so beschäftigt damit, das Unternehmen, das ich gerade übernommen hatte, in Gang zu halten und die Expansion vorzubereiten, dass ich manches nicht oder zu spät gesehen habe. Aber wir beginnen jetzt mit dem Aufholen.«

Ein paar andere Arme waren in die Höhe gefahren. Claus wählte als nächsten Sprecher einen seiner Werksarbeiter, einen Familienvater in mittleren Jahren, aus. Der Mann stand auf, um sich besser Gehör zu verschaffen. »Chef«, sagte er. »Das, was Frau Delaurence da gesagt hat … es gibt keine Mitarbeiter und keine Produkte mehr … verdammt, wenn es stimmt, dann haben wir ein echtes Problem! Wenn nichts davon mehr da ist, wie sollen wir dann noch arbeiten?«

»Ich fürchte, da haben Sie Recht, Herr Schumann«, sagte Claus und war froh, dass er sich an den Namen des Mannes erinnerte. »Es ist zwar nicht gesagt, dass alles so eintreten wird, wie Frau Delaurence es geschildert hat, aber wenn die

Trends der Gegenwart sich fortsetzen, wird das der Fall sein.
Aber zum Glück gibt es sehr wohl Wege, weitermachen zu
können, selbst wenn es tatsächlich weder Kunden noch Produkte gibt. Es wird ja etwas Neues entstehen, das das Alte
ersetzt. Und wir werden dabei sein.«

Ein Vorarbeiter stand auf. »Das ist ja alles gut und schön,
aber ich würde gerne erst mal wissen, was aus unserer Produktion wird und aus den Gerüchten, dass sie schon bald
abgeschafft wird.«

Die Kernfrage stand im Raum. Alle Blicke richteten sich
auf Claus. Auch sein Management wartete gespannt darauf,
was er sagen würde. Claus hatte gewusst, dass diese Frage
kommen würde, deshalb hatte er sich am Wochenende
Gedanken gemacht und nach langem Überlegen und vielem
Hinkritzeln eine Lösung gefunden, die ihm gefiel. »Die Produktion wird für uns in ihrer jetzigen Form ein Klotz am
Bein sein«, sagte er. »Aber ich bringe es auch nicht übers
Herz, sie abzuschaffen. Stattdessen würde ich Folgendes
vorschlagen: Wir gründen eine Holding mit einem neuen
Namen, die sich um alle übergreifenden Fragen kümmert:
Strategie, Unternehmensplanung, Marketing und Koordi-
nierung. Sie bündelt die Leistungen der Partner, mit denen
wir uns zusammenschließen werden, und bietet sozusagen
Pakete, komplette Baugruppen, an. Die einzelnen Gesell-
schaften, die zu diesem Netzwerk gehören – die alte Berning
GmbH, aber auch ihre vielen weltweiten Kooperationspartner – können sich so viel besser auf ihre jeweiligen Kernkompetenzen konzentrieren und dadurch besonders effizi-
ent arbeiten.« Claus holte tief Atem. »Die Berning GmbH –
oder besser die Teile von ihr, die nicht in der Holding aufge-

gangen sind – wird einer dieser Partner sein und sich auf die Herstellung der für uns wichtigsten Teile konzentrieren. Alle anderen Teile, die wir brauchen, um einen Auftrag zu erfüllen, produzieren unsere Partner. Damit die Kosten für die Maschinen uns nicht wie bisher stark belasten, verkaufen wir die Maschinen und leasen sie anschließend zurück. Wir kaufen keine neuen Maschinen mehr, sondern leasen sie nur noch. So bleiben wir viel liquider und flexibler, außerdem immer auf dem neusten Stand der Technik.«

»Habe ich das richtig verstanden, es wird die Produktion also weiter geben?«, fragte jemand.

»Ja, aber in anderer Form«, bestätigte Claus. »Mein Ziel ist, möglichst niemanden entlassen zu müssen. Übrigens habe ich eine Überraschung für Sie: Den ersten Kooperationspartner haben wir wahrscheinlich schon im Boot. Erik Heller, der Chef von CarTec, ist von der Idee begeistert und möchte mitmachen. Wir sind schon dabei, den Kooperationsvertrag auszuarbeiten.«

Erfreute Gesichter bei seinen Managern. Nicht mal ihnen hatte Claus von dieser Entwicklung erzählt. Und sie wussten auch noch nicht, dass bereits andere Unternehmen ebenfalls ihr Interesse bekundet hatten.

Sie diskutierten noch drei Stunden lang – große Konzepte und die Details, die seinen Mitarbeitern besonders am Herzen lagen, Visionen und Ängste. Fragen zu der angeblichen Wahrsagerin waren nicht dabei, wahrscheinlich kamen sich die Leute selbst lächerlich vor, dass sie so etwas geglaubt hatten. Manchmal antwortete Yvonne, manchmal Claus selbst, ein paar Mal übernahm auch ein anderes Mitglied des Managements die Erwiderung oder erzählte von seinen bisherigen Erfahrungen mit dem Wandel in der Berning GmbH. Zum Schluss platzte noch der Finanzchef mit einer Nachricht herein: »Wir haben ein konkretes Angebot einer Investorengruppe vorliegen, die in Form eines Mittelstandsfonds Kapital zur Verfügung stellen will. Alles ist geprüft. Unser Zukunftskonzept wurde als sehr aussichtsreich bezeichnet, und man will bei unserer Expansion dabei sein!« Ein lautes Klatschen begrüßte diese Entwicklung.

Nach und nach wurden die Abstände zwischen den Fragen länger. Als endlich niemand mehr ein Anliegen zu haben schien, ergriff Claus die Chance, ein Fazit zu ziehen – und stellte selbst die Frage, die für ihn entscheidend war. »Wir haben viel geredet, Sie haben viel gefragt. In den nächsten Wochen wird der Prozess des Wandels konkreter werden, und ich werde Sie dabei so weit wie möglich einbeziehen. Aber eins muss ich jetzt schon wissen – stehen Sie bei den Veränderungen hinter mir, Sie alle? Ohne Ihre Unterstützung kann ich nichts tun. Keiner gewinnt alleine.«

Wieder Gemurmel, aber weit weniger aufgeregt als am Anfang. Claus ließ seinen Mitarbeitern noch ein paar Minuten Zeit, ihre Gedanken zu sammeln, dann schob er nach: »Wenn Sie dabei sind, dann heben Sie bitte den Arm.«

Zögern, dann gingen einige Arme nach oben, andere folgten, es wurden immer mehr. Aufgeregt zählte Claus. Das Ergebnis überraschte ihn nach all den Kämpfen der letzten Zeit: Mehr als drei Viertel der Belegschaft hatte ihm das Vertrauen ausgesprochen!

Christiane strahlte Claus an. Sie hatten es geschafft!

Erschöpft und glücklich fuhren sie nach Hause. Claus brachte gerade noch die Energie auf, sich den verschwitzten

Anzug vom Leib zu schälen und eine seiner guten Flaschen Wein aufzumachen, dann sank er in einen Sessel. Er und Christiane prosteten sich zu. »Auf die neue Berning GmbH!«

»Hast du eine neue Firma?«, fragte Marc neugierig.

»Nein, aber ich mache eine andere Firma daraus«, sagte Claus und wuschelte ihm durchs Haar, obwohl er wusste, dass Marc das nicht mochte. »Eine bessere. Nach ein paar von Yvonnes Vorschlägen.«

»Yvonne ist cool«, verkündete Marc.

Claus grinste. »Zum Glück fanden das meine Leute auch.«

Am nächsten Morgen wachte er erst um acht auf – er hatte vergessen, den Wecker zu stellen. Claus erschrak. Die Bettseite neben ihm war leer, Christiane war schon auf. Als Claus hektisch ins Bad stürzen wollte, rief ihm Christiane zu: »Warum die Hektik, mein Schatz? Du bist der Chef, hast du das vergessen? Wieso gehst du nicht einfach später ins Büro – und sparst dir das schlechte Gewissen?«

»Meine liebe Christiane, du hast absolut Recht«, sagte Claus. Nach einem gemütlichen Frühstück machte er sich auf den Weg in die Firma. Frau Talbach fing ihn ab, kaum dass er durch die Tür gekommen war.

»Nachricht von Ihrem Onkel«, sagte sie etwas atemlos. »Er hat mich gestern Abend noch gebeten, Ihnen auszurichten, Sie sollten baldmöglichst in sein Büro kommen.«

Claus stöhnte. »O nein, jetzt geht das wieder los! Wahrscheinlich bekomme ich den Kopf gewaschen, was mir denn einfällt und so weiter.«

Frau Talbach blickte ihn mitleidig an. »Das hätten Sie wirklich nicht verdient. Das, was Sie und Frau Delaurance gestern erzählt haben, war wirklich überzeugend. Aber Ihr Onkel hat, soweit ich gesehen habe, keine Miene verzogen.«

Langsam, schwerfällig stieg Claus die Stufen zum dritten Stock hinauf. Nicht schon wieder kämpfen müssen. Er war die ewigen Kämpfe leid.

Claus klopfte an. Keine Antwort. War der Alte etwa noch mal in die Produktionshallen gegangen? Er entschied sich, kurz nachzusehen – vielleicht hing er mal wieder am Telefon. Claus öffnete die Tür – und stutzte.

Moment.

Etwas war anders hier. Sehr anders.

Staunend blickte er sich um. Das Büro war komplett ausgeräumt. In den Schränken standen keine Akten mehr, der polierte Schreibtisch aus Walnussholz war jungfräulich leer, Telefon und Ablagen waren verschwunden. Es hingen keine Bilder mehr an den Wänden. Alles war sehr ordentlich, kahl, fast steril. Was war geschehen? Claus konnte es sich nicht vorstellen. War dem Alten etwas passiert? Nein, das hätte er mitbekommen, und außerdem hätten sie nicht derart schnell sein Büro leer geräumt.

Wie betäubt wanderte Claus im Raum umher, der seit Jahrzehnten das Chefbüro gewesen war. Er fuhr mit dem Finger über die Regale, zog die leeren Schubladen auf und ließ sich schließlich vorsichtig im massiven ledernen Sessel seines Onkels nieder. In diesem Moment sah er den Zettel, der mitten auf dem Tisch lag. Neugierig griff Claus danach.

Mein lieber Junge,
entschuldige, dass ich dir so viele Steine in den Weg gelegt habe. Ich hoffe, du kannst einem alten Mann verzeihen, dass er nicht erkannt hat, wann es

Zeit ist, von der geschäftlichen Bühne abzutreten. Meine Zeit ist die Vergangenheit, und du wirst die Firma in die Zukunft führen. Das weiß ich jetzt.

Mit ganzem Herzen Glück wünscht dir dein
Onkel Herbert

Claus stand auf, ging zum Fenster hinüber. Lange blickte er nachdenklich über das Gelände der Berning GmbH und dachte an das, was vergangen war, und an das, was kommen würde.

Eine Weisheit:
Einfluss statt Macht

Claus war auf dem Weg zur Arbeit. Er stand mit seiner Enduro gerade an einer Ampel und klappte das Visier hoch, weil er schwitzte. In diesem Moment wurde ihm bewusst, dass er Yvonne schon seit einem Monat nicht mehr gesehen hatte und sie ihm zum Abschluss noch eine Weisheit versprochen hatte.

So viel war passiert in den letzten Wochen und Monaten, dass er wohl instinktiv etwas Abstand gesucht hatte. Claus hatte der Bank seinen neuen Businessplan präsentiert, den er in der Betriebsversammlung schon skizziert hatte. Er war gut aufgenommen worden. Jetzt bemühte man sich wieder um ihn. Aber das Wichtigste war: In seinem Unternehmen war tatsächlich kein Stein auf dem anderen geblieben, und es war gut so. Seit sein Onkel weg war, hatte sich der neue Geist noch fester in der Berning GmbH verankert. Aber die Gespräche mit Yvonne vermisste er schon.

In diesem Moment klingelte sein Handy. Claus fuhr auf den Seitenstreifen und fummelte das Gerät aus einer Brusttasche. Es war Christiane. Er hörte sofort, dass sie gute Laune hatte. »Claus, es hat geklappt! Ich habe gerade die Bestätigung bekommen.«

»Was hat geklappt?«, fragte Claus irritiert.

»Weißt du nicht mehr, wir hatten vor Monaten einmal darüber gesprochen, dass wir irgendwann ein verlängertes Wochenende in Rom verbringen wollen. Tja, ich habe es einfach gebucht. Übernächstes Wochenende fliegen wir!«

»Ähm, aber die Firma…«

»Keine Sorge, ich habe den Termin mit deiner Frau Talbach abgeklärt. Anscheinend hat sie ja dichtgehalten. Es sollte eine Überraschung sein!«

Die Überraschung war ihr gelungen. Claus fühlte sich noch immer ein bisschen überrumpelt, stellte aber fest, dass er sich auf Rom freute. Seine bisherigen Erinnerungen an die Ewige Stadt waren ohne Ausnahme gut.

»Hoffentlich schaffe ich es, vorher noch einen Termin mit Yvonne zu machen – ich will endlich die Weisheit erfahren«, sagte Claus mehr zu sich selbst.

»Oh, weißt du denn nicht…? Ich habe gestern mit Yvonne telefoniert, sie ist in den nächsten drei Wochen geschäftlich unterwegs.«

»Schade«, meinte Claus. Als er in der Firma angekommen und sich in seinem Büro umgezogen hatte, versuchte er trotzdem, Yvonne per Telefon zu erreichen. Aber wie immer meldete sich nur der Anrufbeantworter.

Als die Maschine Rom anflog, konnte man die Silhouette der Stadt gegen den dunstig-blauen Himmel erkennen. Fasziniert blickte Claus aus dem kleinen Fenster. Er musste an ihre Abende auf der Piazza Navona denken, den Petersdom… ja, wahrscheinlich war es eine gute Idee von Christiane gewesen, einfach so loszufahren.

Nachdem sie ihre Koffer ausgepackt hatten, kam Christiane Claus' Vorschlag zuvor und sagte: »Lass uns zum Petersdom fahren. Wie ich dich kenne, möchtest du ihn wiedersehen.«

Wie jedes Mal beeindruckte sie dieses Monument einer jahrhundertelang funktionierenden Institution: der katholischen Kirche mit dem Papst an der Spitze. Heute ist sie immer noch ganz schön mächtig, dachte Claus. Aber auch die Kirche muss sich hinterfragen lassen. Claus musste lächeln. Selbst in Rom konnte er wieder Parallelen zu seinem Unternehmerleben finden. Immerhin hatte es die Kirche geschafft, über Jahrhunderte ein immaterielles Produkt zu vermarkten, den Glauben an Gott und Jesus. Genug der Vergleiche, dachte Claus. Jetzt wollte er Rom erst einmal in vollen Zügen genießen.

Sie fuhren mit dem Taxi zum Trevi-Brunnen, gingen shoppen und tauchten in den italienischen Alltag ein. Am Abend schafften sie es, in einem der vielen Straßencafés an der Piazza Navona einen freien Platz zu bekommen.

Sie bestellten einen Espresso. Natürlich merkte der Kellner, ein rundlicher Mann mit schütterem Haarkranz, der sich als Giovanni vorgestellt hatte, sofort, dass sie Deutsche waren. »Ah, Sie kommen aus Deutschland!«, rief er mit einem breiten Lächeln – und in perfektem Deutsch. »Aus welcher Stadt sind Sie?«

»Aus der Nähe von Köln«, gab Christiane lächelnd Auskunft.

Der Kellner strahlte über das ganze Gesicht. »In Köln habe ich ein paar Jahre lang gearbeitet, als Kellner!«

Von dieser Sekunde an hatte er sie adoptiert. Als Claus ein

Glas Rotwein bestellte, holte Giovanni nicht den Vino de la Casa, sondern einen vorzüglichen Barolo, den es sonst nur in Flaschen gab. Nach ein paar Minuten Fachsimpelei über Weine verriet Giovanni: »Wissen Sie, wir haben hier einen der ältesten Weinkeller von ganz Rom. Hier unten lagern Weine, die noch vor dem Zweiten Weltkrieg abgefüllt wurden.«

Claus schmunzelte – er vermutete, dass Giovanni vielleicht ein bisschen flunkerte. Ein schlichtes Straßencafé an der Piazza Navona sollte einen so ausgesuchten Weinkeller haben? Doch Giovanni ließ sich nicht irremachen. »In welchem Jahr sind Sie geboren?«

»1963!«

»Hm, ich habe vor ein paar Tagen unten einen 63er Barolo gesehen. Vielleicht finde ich ihn. Wollen Sie mit runterkommen?«

Claus folgte Giovanni in den Weinkeller und war von der Größe der kühlen Gewölbe überwältigt. Zielsicher ging Giovanni in eine Ecke des Kellers, in der er wohl den 63er Barolo vermutete. Ohne Rücksicht darauf, dass seine blütenweiße Jacke Schaden nehmen konnte, wischte er den Staub von den Flaschenetiketten und lachte, als er schließlich den 63er in den Händen hielt.

»Hm, was würde die denn kosten?«, fragte Claus, während sie die Treppe wieder hinaufstiegen.

»Sagen wir fünfzig Euro – weil Sie's sind.«

Claus nickte freudig; er wusste, dass eine solche Flasche Hunderte von Euro kosten konnte.

Gerade hatte Giovanni zwei Gläser gebracht, als jemand Claus von hinten auf die Schulter klopfte. Hat der Gute etwa noch so ein tolles Fläschchen gefunden?, fragte sich Claus und drehte sich um. Sprachlos sah er Yvonne neben sich stehen, in einem eleganten schwarzen Kleid und schwarzen Turnschuhen. Christiane begrüßte sie mit einer herzlichen Umarmung, sie schien überhaupt nicht überrascht zu sein. Allmählich wurde Claus klar, dass die ganze Rom-Reise Teil einer Inszenierung war. Sollte sich hier der Kreis der Erkenntnisse schließen?

»Soso«, sagte Claus, nachdem er sich etwas von der Überraschung erholt hatte. »Bist du schon lange hier, Yvonne?«

»Ein paar Tage, geschäftlich«, sagte Yvonne lächelnd. »Und da Rom genau der Ort ist, um dir die Weisheit zu vermitteln – wunderbar geschichtsträchtig –, habe ich Christiane gebeten, alles zu arrangieren.«

Claus lachte. »Gehört Giovanni dazu?«

»Giovanni? Wer soll das sein?«, fragte Yvonne. »Nein, ich würde vorschlagen, dass wir uns morgen treffen und uns dann unterhalten.«

»Wo und wann wollen wir uns treffen?«, fragte Claus, dem die Freude über das Treffen anzuhören war.

»Ich würde das Ristorante Constanz an der Piazza Paradiso in den Gemäuern des Pompejus Theaters vorschlagen. Angeblich ist dort der Ort, an dem Cäsar erstochen wurde. Morgen, acht Uhr?«

Claus und Christiane brauchten nicht lange zu überlegen und nickten. Am nächsten Abend machten sie sich gespannt auf den Weg zum Restaurant.

Von außen machte das Ristorante Constanz einen eher unscheinbaren Eindruck, doch es schien sehr beliebt zu sein, und die meisten Tische waren schon besetzt. Kurz nach ihnen traf Yvonne ein. Ihr Auftritt war sehenswert. Sie rauschte in einer farbenprächtigen Robe herein und wurde vom Inhaber freudig mit Namen begrüßt. Natürlich bekamen sie, Claus und Christiane den besten Tisch im Haus.

Nach dem ausgezeichneten Essen tupfte sich Yvonne mit einem zufriedenen Seufzer die Lippen ab, an denen noch eine Spur Panna cotta klebte, und zündete sich eine ihrer unvermeidlichen Zigaretten an. »Die Weisheit hat etwas mit Macht zu tun – und Rom ist eine Stadt der Macht, denk nur an die Kirche und die Cäsaren. Aber wir haben ja schon festgestellt, dass Macht in Zukunft nicht mehr funktioniert wie früher.«

Claus war skeptisch. »Aber Macht hat es immer in irgendeiner Form gegeben und wird es sicher auch weiterhin geben. Oder wenn nicht – was kommt danach?«

Macht erhält eine neue Gestalt.

»Du hast natürlich Recht. Es wird sie weiterhin geben, aber sie wird eine neue Form bekommen. Lass mich ein bisschen weiter ausholen. Macht kann man auch physikalisch definieren, denn Macht erzeugt Spannungen. Und Spannungen sind eine Form der Energie. Also kann sich jeder die Frage stellen: Wie setze ich meine Energie wirkungsvoller ein?«

»Tja, aber wie?«

»Wenn wir uns schon an solch geschichtsträchtigem Ort befinden, lasst uns einen geschichtlichen Ausflug nach Ägypten machen. Ramses II., einer der bedeutendsten Herrscher Ägyptens, ist ein gutes Beispiel. Bis zu seiner Zeit war der Pharao gleichzeitig der oberste Hohe Priester des Volkes und

Gott gleich. Ramses löste die Trennung von Staat und Kirche auf und ließ die anderen Priester ihren Hohen Priester wählen«, erklärte Yvonne und blies eine Rauchwolke Richtung Decke. »Der fühlte sich Ramses natürlich zu Dank verpflichtet und unterstützte ihn dabei, sein sagenumwobenes Reich zu schaffen.«

»Er hat also auf Macht verzichtet – war das das Entscheidende?«, fragte Christiane neugierig.

»Auf Macht hat er vielleicht verzichtet, auf Einfluss nicht. Und Einfluss ist in Zukunft das entscheidende Schlüsselwort, die neue Stärke. Genau darum wird es gehen, Claus.«

»Das leuchtet mir mehr ein als die These, dass Macht in Zukunft keine Bedeutung mehr hat«, meinte Claus.

»In dem Wort ›Einfluss‹ steckt schon der Kern des Konzepts: fließen. Alles ist im Fluss. Einfluss gilt auch oder gerade unter veränderten Rahmenbedingungen.«

»Hm, okay, aber wie bekommt man Einfluss? Sicher nicht auf die gleiche Art, auf die man Macht erwirbt.«

> **Die neue Stärke heißt: Einfluss.**

»Genau. Einfluss kann man nicht kaufen, Einfluss muss man durch Spannung erzeugen, und er braucht Spannung, um sich weiterentwickeln zu können. Nehmen wir einmal das Beispiel Linux. Du weißt schon, das Betriebssystem, das frei verfügbar ist und von Hackern weiterentwickelt wird. Sein Erfinder, Linus Torvalds, ist überhaupt kein Machtmensch und arbeitet nicht nach Machtprinzipien. Aber seinen Einfluss weiß er gut einzusetzen.«

Claus war hartnäckig. »Das beantwortet meine Frage

aber noch nicht, Yvonne. Wie erwirbt man Einfluss? Ich kann mir gut vorstellen, indem man etwas anbietet oder besitzt, das für andere interessant ist – seien es Kontakte oder Know-how.«

»Ganz richtig«, antwortete Yvonne. »Das ist der zweite Entwicklungsschritt. Kennt ihr den Satz: Wasser auf die eigenen Mühlen leiten? Wasser ist ein guter Vergleich, weil es fließt, weil es ein Rinnsal sein kann oder auch ein reißender Fluss.«

Claus seufzte. Immer holte Yvonne so weit aus. Aber wahrscheinlich war es ganz natürlich, dass die Vergleiche einer Malerin besonders bildhaft sind.

»Nehmen wir mal ein Beispiel«, fuhr die Seelenmalerin unbeirrt fort. »Wo wird ein Wasserkraftwerk gebaut? Wo der Fluss am engsten ist und die Strömung am schnellsten. So entsteht Kraft durch den Engpass. Entscheidend wird also in Zukunft sein, nicht *wie* wir Kräfte einsetzen, sondern *wo*.«

»Das haben mittlerweile eine ganze Menge Firmen erkannt«, unterbrach Claus. »Viele haben sich inzwischen auf ihre Kernkompetenzen und Kerngeschäfte konzentriert.«

»Mit gutem Grund, denn Spannung entwickelt sich durch Konzentration. Die entscheidende Frage ist nur, worauf man sich konzentrieren soll. Das ist auch die Schlüsselfrage für dein Unternehmen. Es ist ein bisschen so wie bei David und Goliath: David traf seinen Gegner mit einem Stein aus seiner Schleuder zwischen die Augen. Er hat gewonnen, weil er den wirkungsvollsten Punkt getroffen hat, die einzige Achillesferse des starken Kriegers, dessen ganzer Körper durch eine Rüstung geschützt war. David hat die Lücke gesehen und für sich genutzt.«

»Meine Firma ist sowieso eher ein David als ein Goliath«, murmelte Claus. »Was also soll ich tun?«

»Konzentriere dich darauf, deinen Einfluss zu steigern, und spezialisiere dich. Deine Aufgabe muss es sein, Zünglein an der Waage in deiner Branche zu werden. Was für eine Spezialisierung sinnvoll ist, haben wir ja schon besprochen: Dauerhaft Erfolg kann nur haben, wer sich auf Menschen und Beziehungen konzentriert. Der Einfluss auf Kunden, Partner, Lieferanten, Mitarbeiter und Kapitalgeber ist dann am größten, wenn der Nutzen für die jeweilige Gruppe am höchsten ist. Er sollte so hoch sein, dass es keinen Sinn macht, sich nach Alternativen umzuschauen. Oder es gibt gar keine Alternativen, und man müsste erhebliche Barrieren überwinden, wollte man ein anderes Angebotssystem aufbauen.«

»Tja, das wäre natürlich schön …«

> **Der Einfluss auf Kunden, Partner, Lieferanten, Mitarbeiter und Kapitalgeber ist am größten, wenn der Nutzen jeweils am höchsten ist.**

»Dein Einfluss ist dann am größten, wenn es dir gelingt, ein einzigartiges Know-how durch soziale Spezialisierung aufzubauen. Know-how ist das Wissen darüber, was dem Partner zum jetzigen Zeitpunkt am meisten fehlt und was er damit als größtes Defizit empfindet.«

»Jetzt verstehe ich auch, warum du so gerne vom Zünglein an der Waage sprichst.«

»Genau«, sagte Yvonne. »Dabei ist es entscheidend, alles über deine Kunden zu wissen. Denn ihre Vorstellungen wechseln oft innerhalb von wenigen Wochen. Was würde ein Verdurstender in der Wüste nicht für ein Glas Wasser geben? Aber vierzehn Tage später, wenn er längst gerettet ist, ist er an dem gleichen Glas Wasser überhaupt nicht mehr interessiert. Das Ziel jedes Unternehmens sollte heißen, Engpässe zu beheben, statt Überfluss zu vermehren.«

Claus fasste zusammen: »Maximaler Einfluss kann also nur über Menschen erreicht werden.«

»Genau. Allerdings ist das bei Macht auch so. Aber Macht ist einseitig ausgerichtet. Einfluss lässt die Möglichkeit zu, zum Vorteil beider zu handeln. Und das ist natürlich viel besser.«

»Ich glaube, ich bin gerade ein bisschen durcheinander geraten, was die Reihenfolge der Schritte angeht«, meinte Christiane und bestellte noch einen Espresso. »Kannst du diese ganzen Schritte noch mal zusammenfassen, Yvonne?«

»Aber gerne«, sagte Yvonne fröhlich. »Zuerst muss man akzeptieren, dass aus Macht zukünftig Einfluss in Netzwerken wird. Einfluss entsteht nur durch eine hohe Spannungsbilanz und damit Anziehungskraft. Am einfachsten baut man das auf, indem man sich konzentriert und dauerhaft spezialisiert – mit Betonung auf dauerhaft, denn diese Spezialisierung sollte man nicht wechseln wie ein Hemd. Diese Form führt, so bin ich überzeugt, dazu, dass man automatisch zum Zünglein an der Waage für die eigenen Kunden wird.«

Während Yvonne noch einen Espresso bestellte, nippte Claus in Gedanken versunken an seinem Wein. Er hatte verstanden, dass er weder mit seiner Metallfabrik noch mit einer Internationalisierung auf dem richtigen Weg gewesen war. Zu groß waren die Risiken, dass er gegen irgendjemanden ausgetauscht werden konnte, der nur ein paar Cent günstiger anbieten würde. Einfluss zu haben, gefiel ihm. Er musste etwas anbieten, das es in dieser Art noch nicht gab, eine Bedarfslücke finden, um so die Spannung für sich zu erhöhen. In Zukunft musste er sich auf Know-how-Transfer konzentrieren…

Yvonne hatte ihn beobachtet, vielleicht geahnt, woran er dachte. »Gelingt es dir, den Zünglein-an-der-Waage-Status zu erreichen, bist du in einer unschlagbaren Position. Du wirst Angebote vor allen anderen erhalten. Dir werden Beteiligungen angeboten, und du wirst in Gespräche einbezogen, bevor sich irgendetwas konkretisiert. Damit kannst du maximalen Einfluss nehmen. Dein Image wird sich verändern. Wenn du den Weg gehst, den ich gerade beschrieben habe, wirst du dich zu einem Knowledge-Experten entwickeln, der Synergieeffekte nutzt.«

»Ja, das habe ich mir nach den Erkenntnissen, die du mir gegeben hast, schon überlegt«, meinte Claus. »In unserem Fall heißt das: Weltweit wird der Engpass entstehen, diejenigen Partner zu finden, die auf der Lieferantenseite Angebote bündeln können. Sie setzen diese Partner gezielt ein und schaffen die Synergien, die man für ein komplexeres Produkt braucht. Das ist schon eine ganz andere Herausforderung, als einfach nur Schrauben und Bremsteile herzustellen!«

»Sehr gute Idee. Es hat übrigens auch eine Menge mit Einfluss zu tun: Als Beschaffungsexperte würdest du über eigenes Know-how verfügen und zu jedem Zeitpunkt an der richtigen Stelle das richtige System liefern können. Über diesen Weg könntest du deinen Einfluss bei Produzenten ausbauen, denn sie würden dir nach einer ersten Testphase vertrauen, und sie wären dir dankbar, dass du sie personell, logistisch und EDV-mäßig entlastest. So hätten sie nur noch wenige zentrale Ansprechpartner statt, wie heute, hunderte.«

Claus nickte.»Das reduziert auch ihre Kosten ganz ordentlich, würde ich meinen. Mit meinem neuen Produktionsleiter habe ich das mal durchgespielt. Für uns sind in Zukunft Kapazitäten keine Engpässe mehr, da wir über ein weltweites Netzwerk alle mit allem versorgen können.«

»Ich denke, diese Lösung wird in Zukunft Standard werden«, meinte Yvonne.»Konzerne werden zukünftig sicher nicht mehr mit einem Lieferanten sprechen wollen, sondern schlüsselfertige Lösungen einkaufen, die just in time an das Produktionsband geliefert werden. Man sucht Partner, die weltweit die besten Einkaufskonditionen garantieren können. Beste Voraussetzungen für dich, Claus.«

»Wieso?«, erkundigte sich Christiane.

»Auf der Lieferantenseite wird dein Einfluss zunehmen, Claus, weil sie über diesen Weg einerseits eine Existenzchance bekommen. Denn diejenigen, die von den Produzenten nicht mehr angefragt werden, werden zukünftig auch nicht mehr überleben können. Andererseits erhalten sie so die Möglichkeit, Aufträge zu erhalten, bei denen sie sonst keine Chance hätten. So könntest du zentrale Aufgaben dieser Unternehmen übernehmen, die sie per Outsourcing an dich übergeben. Du wirst damit zu einem Dienstleister deiner jetzigen Wettbewerber.«

»Ja, ich hoffe, dass es so funktioniert. Die Berning GmbH – beziehungsweise die Holding ihres Netzwerks – wird eine Denkfabrik, die ständig neue Fertigungslösungen für Kunden entwickelt«, berichtete Claus. »Damit wird sie sehr viel spannender und attraktiver für alle, auch die Manager und Mitarbeiter. Habe ich dir eigentlich schon erzählt, wie wir die Holding nennen werden? Wie gefällt dir der Vorschlag: synergie.network?«

»Das klingt toll«, meinte Yvonne. »Ehrlich, Claus, ich bin stolz auf dich.«

»Ach, weißt du, ich bin schon zufrieden damit, wenn weiterhin eintrifft, was du mir vorhergesagt hast«, sagte Claus. »Phönix aus der Asche, weißt du noch? Als du mir später das Seelenbild meiner Firma präsentiert hast, konnte ich immer noch nicht ganz glauben, dass eine völlig neue Welle entsteht, die uns bis nach oben bringt.«

»Du hast noch einiges vor dir, aber ich bin sicher, dass deine Firma es schaffen wird.«

»Die Idee, Experte zu sein, am besten Ideenführer, gefällt mir auch sehr gut«, sagte Claus nachdenklich. »Wir werden die Kontakte erheblich ausbauen müssen, denn wir müssen jetzt ja sogar mit unseren Konkurrenten nicht nur reden, sondern zusammenarbeiten. Das wird noch eine Menge Überzeugungsarbeit kosten. Aber du hast Recht: Entscheidend wird es in Zukunft sein, ein Geflecht von Beziehungen aufzubauen, um möglichst viele Allianzen zu schaffen. Schließlich soll es mir ja nicht gehen wie Cäsar.« Claus dachte zurück an die Szene in Atlanta, an Jack: Beinahe hätte er den Dolch im Rücken gehabt. Gut, dass er gerade noch rechtzeitig gemerkt hatte, welche Partner die falschen für ihn waren.

Yvonne hakte noch mal nach. »Cäsar hat vielleicht einen entscheidenden Aspekt zu wenig berücksichtigt. Die Macht des vernetzten Bewusstseins.«

»Was willst Du damit sagen?«, fragte Claus interessiert nach.

»Die meisten Konzerne verstehen sich heute als Global Player. Sie haben den Weltmarkt im Visier. Sie denken immer noch in den Kategorien ›Beherrschung der Märkte‹. Einfluss hat als Ziel, ein gemeinsames Bewusstsein zu entwickeln, eine gemeinsame Sicht der Dinge und gemeinsame Werte, für die man einsteht. Es ist eine Vernetzung intelligenter Menschen. Global Brain statt Global Player könnte man sagen.«

»Willst Du damit sagen, dass Menschen in der Lage sind, über Kontinente hinweg ein gemeinsames Bewusstsein aufzubauen?«

»Genau das ist auf den Punkt gebracht das Ziel der Zukunftsfirma. Wie wir wissen, können wir in vernetzten Systemen nicht durch Be-Herrschungsstrategien erfolgreich sein, wohl aber durch eine gemeinsame Codierung. Weltweit gibt es Menschen, die durch ein vernetztes Bewusstsein die gleiche Sicht auf die Dinge haben. Sei es in der Politik oder in der Frage der Religion, die zurzeit sehr aktuell ist. Das gilt auch für die Wirtschaft und zukünftig für einzelne Akteure der Wirtschaft, also Firmen.«

Claus musste schmunzeln. »Ich erinnere mich an einen Philosophen, der sagte: ›Wer den Geist verändert, verändert die Welt.‹«

»Du hast es auf den Punkt gebracht. Aber jetzt ist erst einmal Schluss mit Ideen, die die Welt von morgen verändern.

Mal eine Frage zum Hier und Heute. Wie ist es mit den Banken ausgegangen?«, erkundigte sich Yvonne neugierig. »Hast du sie von deinem neuen Konzept überzeugen können?«

»Sie waren völlig baff, dass ich das Unternehmen so stark umbaue. Aber sie fanden es gut. Plötzlich waren sie wieder sehr an guten Geschäftsbeziehungen zu uns interessiert, du hättest diesen Dr. Kränzel sehen sollen! Sie haben sogar unsere Kreditlinie erweitert. Yvonne, es ist unvorstellbar, was du bewegt hast. Als ich das Seelenbild geschenkt bekam, dachte ich nicht, dass von da an alles umgekrempelt würde. Als du zum ersten Mal vom Ende des Managements, wie wir es kennen, sprachst, dachte ich ›So ein Quatsch!‹.«

»Ja«, sagte Yvonne, »Manager wollen alles be-sitzen, be-herrschen, be-stimmen, be-fehlen und be-wahren. Davon müssen sie sich verabschieden.«

»Nun, in unserer Firma haben wir bereits damit begonnen. Und das ist dein Verdienst, Yvonne. Auch wenn du uns gezwungen hast, ins Epizentrum eines Machtschocks hinunterzusteigen.«

Yvonne sagte nachdenklich: »Die Zukunftsfirma, die ich beschrieben habe, wird für viele in den nächsten Jahren ihre größte Herausforderung. Du hast jetzt bereits die Chance die Zukunft mitzugestalten. Ich bin froh, dass es so gelaufen ist, dass du Erfolg hast mit dem Wandel in deinem Unternehmen. Tja, jetzt hast du alle Erkenntnisse und die Weisheit, aber ich hoffe natürlich, dass wir trotzdem in Kontakt bleiben ...«

»Ich bin auch froh«, sagte Christiane mit fester Stimme. »Weißt du eigentlich, wie dankbar wir dir sind, Yvonne?

Claus hat wieder mehr Spaß an der Arbeit, ist viel entspannter, nimmt sich mehr Zeit für Marc und mich. Weißt du, dass wir beschlossen haben, unser Haus auf Mallorca und das Boot zu verkaufen?«

»Finde ich gut«, lachte Yvonne.

»Und wir haben beschlossen, uns mehr Freiheiten zu gönnen, mehr zu experimentieren. Uns geht es jetzt besser als vorher, und das haben wir auch dir zu verdanken. Aber was ist mit dir, Yvonne? Was hast du überhaupt davon, dass du Claus geholfen hast?«

»Hm, ich? Ach, das ist doch nicht…«

»Nein, Yvonne – Schluss mit dem Ausweichen«, lachte Claus. »Jetzt reden wir mal ausnahmsweise nicht über die Firma.«

»Also gut.« Yvonne lächelte. »Ich weiß, dass Claus schon ein bisschen was über mich herausgefunden hat…«

»Ähm, ich habe nur…«

»Ist schon gut. Wahrscheinlich hätte ich es euch längst erzählen sollen, aber es war ein ziemlich schmerzhaftes Kapitel in meinem Leben. Ganz buchstäblich…«

Und Yvonne erzählte, während Christiane und Claus gespannt lauschten. Sie hatte ein MBA-Studium absolviert, im Sales-Bereich gearbeitet und war dann in die Werbung gegangen, wo sie schnell zur Kreativdirektorin einer Werbeagentur aufgestiegen war. Eine knallharte Branche, aber sie konnte viel darüber lernen, wie Unternehmen arbeiten. Sie hatte Geld, viele Freunde, einen guten Job und einen weltgewandten, beruflich erfolgreichen Mann, um den sie viele beneideten. »Ich war erfolgreich, ich habe funktioniert«, erzählte Yvonne. »Doch von einen Tag auf den anderen war alles vorbei. An diesem Tag bin ich in einem Meeting mit einem wichtigen Kunden zusammengebrochen.« Die Diagnose: Herzinfarkt. Mit knapper Not überlebte sie, doch die Welt hatte sich unwiderruflich verändert. Wochenlang lag sie in der Klinik. Ihre Bussi-Bussi-Freunde ließen sich dort nicht sehen, meldeten sich einfach nicht mehr. Auch ihr Mann tauchte selten auf, er jettete weiterhin für seine Firma um den Globus. Wenn sie sich sahen, erzählte er von seinen spannenden Projekten. Yvonnes Agentur schrieb sie ab und heuerte eine energiegeladene junge Nachfolgerin an.

»Von dieser Zeit an hatte ich es satt zu funktionieren«, meinte Yvonne ruhig. »Ich habe gemalt. Ich habe mir Gedanken gemacht darüber, wie die Zukunft der Unternehmen aussehen könnte. Irgendwann habe ich ein Institut gegründet, das sich mit Zukunftsfragen der Wirtschaft beschäftigt. Persönlich in Erscheinung treten wollte ich nicht mehr, ich habe das Projekt fähigen Leuten überlassen. Ich wollte auch nicht mehr angestellt sein. Deshalb nehme ich ab und zu, wenn ich Lust habe, Aufträge meines Instituts an. Beratung. Recherche. Nach meinen Bedingungen. In aller Welt, weil ich gerne reise. Aber ich habe nie versucht, das mithilfe meiner Seelenbilder zu machen, die Beratung mit meiner Malerei zu verknüpfen. Es hat mich gereizt, diese beiden Bereiche zu verbinden. Und als mir Christiane von dir erzählt hat, habe ich gewusst, dass du, Claus, ein guter Testfall wärst. So war es dann ja auch. Geld wollte ich dafür keins nehmen, ich bin ja längst finanziell unabhängig.«

Christiane und Claus waren noch ganz benommen von dem, was sie erfahren hatten. »Meine Güte, ein Herzinfarkt«, sagte Christiane. »Hast du keine Angst vor einem Rückfall?«

»Doch, natürlich. Deshalb lasse ich meine Arbeit jetzt auch langsamer angehen.«

»Ein Testfall für eine ungewöhnliche Beraterin war ich also«, sagte Claus langsam und musste plötzlich lachen. »Wenn ich daran denke, dass ich dich am Anfang für so eine verrückte Esoterik-Tante gehalten habe!«

»Kann ich dir nicht wirklich übel nehmen«, meinte Yvonne fröhlich. »Mir ist es nun mal ziemlich egal, was man von mir denkt. Hauptsache, der Zweck ist erfüllt. Das ist es ja in diesem Fall, oder?«

Claus' Erkenntnis-Tagebuch: Es ist geschafft. Unsere Strategie hat einen Namen: synergie.network. Wir haben eine völlig neue Wachstumsperspektive. Wir können in einen Markt einsteigen, der jetzt erst entsteht und von uns gestaltet werden kann. Wir können eine einzigartige Position aufbauen und zum »Zünglein an der Waage« werden. Unsere Geschäftsmöglichkeiten werden sich vervielfachen und global gültig sein. Wir werden es anpacken. Ich gebe zu, am ersten Tag habe ich es bei weitem nicht so gesehen. Fast wären mir strategische Fehler unterlaufen.

Das aus Macht Einfluss in Netzwerken wird, war mir so nicht bewusst. Auch nicht, dass Einfluss durch Spannung entsteht. Je besser die eigene Spannungsbilanz des Unternehmens ist, umso mehr Einfluss wird entstehen. Fast automatisch durch Sog statt Druck. Für die Spannungsbilanz sind wiederum das Profil und die immateriellen Faktoren entscheidend.

Es leuchtet mir ein, dass man sich konzentrieren muss, um Spannung zu erzeugen. Für uns haben wir es strategisch gelöst. Ein Kleinunternehmen, das sich richtig spezialisiert, wird jedem Großunternehmen, das sich verzettelt, überlegen sein.

Erfolgreiche Konzentration führt zur Spezialisierung. Zur Spezialisierung und Kopplung an eine Interessengruppe, an eine Community oder mehrere.

So erreicht man im besten Fall den »Zünglein an der Waage«-Effekt. Jetzt passiert nichts mehr, ohne dass man auf irgendeine Art und Weise involviert und informiert ist. Unser Rat wird gesucht – hoffentlich.

Dieser Effekt führt dazu, dass wir zu einem Knowledge-Experten werden. Und das ist gut so, denn Wissen ist auch das einzige Produktivgut, das sich durch Benutzung nicht verbraucht, sondern in der Regel verbessert. Jetzt sind wir dem Ziel nahe. Denn jeder Experte wird sein eigenes, einzigartiges Produkt – egal ob gedankliches oder materielles Gut – besitzen. Und bestenfalls mit einer eigenen Trademark oder einem Copyright absichern.

Wir leben mitten in einer Revolution.
Wir wissen jetzt, wie wir sie für uns nutzen.
Wir bauen unsere Zukunftsfirma. Jetzt.

Geffroy Business Akademie GmbH

Die Geffroy Business Akademie GmbH bietet ein umfassendes Trainings- und Weiterbildungsprogramm für Unternehmer, Manager, Selbstständige, Freiberufler, Angestellte und all jene an, die an persönlichem und unternehmerischen Wachstum und Erfolg interessiert sind.

Ziel der Akademie ist es, neue Geschäftsideen und neue Geschäftssysteme zu entwickeln, die auf den von Edgar K. Geffroy entwickelten Human Business Prinzipien basieren. Durch 20 Jahre Erfahrung wurde und wird ein Geschäftsführungssystem entwickelt, das Wachstum durch Wandel in den Mittelpunkt des Unternehmenskonzeptes stellt. Dabei werden die Bereiche Strategie, Führung, Verkauf, Marketing/Clienting, Wissen und Organisation in ein vernetztes System integriert.

Um Ihnen unser Wissen vermitteln zu können, haben wir Ihnen die verschiedensten Möglichkeiten zur Verfügung gestellt.

Informieren Sie sich bei uns über:

- *Edgar K. Geffroy als Referenten* für Ihre Veranstaltung. Der anerkannte Business-Experte begeistert und motiviert mit seinen Vorträgen.

- *Seminare mit Edgar K. Geffroy.* Für all unsere Themenschwerpunkte bieten wir regelmäßig Seminare in Deutschland und Österreich an. Die aktuellen Termine erfahren Sie bei uns.

Die Ausbildung durch unsere Akademie auf systematischer Basis wird ständig erweitert.

Mit Live-Learning und Telecoaching nutzen wir Möglichkeiten des elektronischen Zeitalters. Sie lernen an Ihrem Arbeitsplatz, zu Hause oder unterwegs.

Natürlich erfahren Sie Wissenswertes zu Clienting®, Changement, und der EKS®-Strategie auch in unseren Publikationen, Videos, Audios und CD-Roms.

- *Bücher von Edgar K. Geffroy:*
  - Machtschock! . . . . € 19,90
  - ZukunftKunde.com . . . . € 32,00
  - Ich will nach oben . . . . € 19,90
  - Das Einzige, was stört, ist der Kunde . . . . . . € 32,00
  - Abschied vom Verkaufen . . . . € 29,90
  - Das Einzige, was immer noch stört,
    ist der Kunde . . . . € 32,00
  - Verkaufserfolge auf Abruf (so lange der
    Vorrat reicht) . . . . € 6,90

- Clienting (so lange der Vorrat reicht) . . . . . € 19,90
- EKS Strategietrainer in zwei Bänden . . . . . € 290,00
- Das neue 1 × 1 der Erfolgsstrategie . . . . . . € 18,00

• Ausführliche Informationen erhalten Sie bei:

Geffroy Business Akademie GmbH
Arnheimer Straße 142
40489 Düsseldorf

Tel.: +49 (0)211 / 40 80 97-0
Fax: +49 (0)211 / 47 90 35 7
E-Mail: team@geffroy.de
www.geffroy.de

• Bitte besuchen Sie bei Bestellungen unseren Online-Shop
auf unserer Homepage www.geffroy.de.

• Bei Fragen, Wünschen oder Hinweisen steht Ihnen das
Geffroy-Team unter team@geffroy.de oder unter der Tele-
fonnummer: +49 (0)211 / 40 80 97-0 gerne zur Verfügung.

Abschied von Traditionen

Edgar K. Geffroy
Abschied vom Verkaufen
Wie Kunden endlich
wieder von alleine den
Weg zu Ihnen finden

7. Auflage, 1999.
223 Seiten mit CD-ROM
ISBN 3-593-35678-3

Vertreibt der Vertrieb die Kunden? Seine klassischen Instrumente werden immer stumpfer und versagen teilweise völlig. Schluss damit! Unternehmen müssen nicht ihre Kunden finden, sondern sie müssen ein System entwickeln, dass die Kunden wieder zu ihnen finden. So anziehend und attraktiv zu sein bedeutet, auf der ganzen Linie umschalten zu müssen. Bloß wie? Bestsellerautor Geffroy beweist, dass zukünftig wird nichts mehr von den wirtschaftlichen Spielregeln im Verkauf so funktionieren wird wie in den vergangenen 50 Jahren. Abschied vom Verkaufen ist angesagt – in Zeiten größerer Umbrüche müssen sich eben auch heiligste Kühe in Frage stellen lassen. Seien Sie mit Edgar K. Geffroy dafür gewappnet.

Gerne schicken wir Ihnen aktuelle Prospekte:
Campus Verlag · Kurfürstenstr. 49 · 60486 FfM
Tel. 069/97 65 16 - 0 · Fax - 77 · www.campus.de

campus
Frankfurt / New York